Nomen

Ordne die Nomen.

die Zukunft	die Möwe	die Vase	der Tee
die Freiheit	der Fuchs	die Nuss	der Pilz
der Donner	das Glück	die Brille	der Arzt
die Schärfe	die Kirche	das Blatt	der Duft
der Wecker	die Gefahr	der Spaß	der Müll
der Gesang	das Gebell	der Stuhl	das Reh
das Messer	der Hunger	der Durst	das Lied
der Gestank	der Geruch	der Fluss	die Qual
der Schmerz	der Frieden	der Käfer	der Detektiv

Konkrete Nomen Menschen, Tiere, Pflanzen, Dinge

die Möwe

Abstrakte Nomen Man kann es nur hören, riechen, schmecken, fühlen oder sich vorstellen.

die Zukunft

Nomen

Ordne die Nomen.

die Spritze	die Angst	die Hitze	die Uhr
die Wärme	der Teller	der Fleiß	die Kuh
die Melodie	der Löffel	die Kälte	die Wut
die Heizung	die Tasse	der Lärm	der Igel
das Gejaule	die Tanne	der Käfig	der Ball
der Schreck	die Kanne	die Ruhe	der Tod
die Pyramide	der Schall	der Vater	das Ohr
das Geflüster	die Straße	der Vogel	die Kraft
das Geräusch	die Freude	die Katze	die Wahl

Konkrete Nomen Menschen, Tiere, Pflanzen, Dinge

die Spritze

Abstrakte Nomen Man kann es nur hören, riechen, schmecken, fühlen oder sich vorstellen.

die Angst

Nomen

Kreuze die Nomen an und schreibe sie groß.

☒ hitze	☒ päckchen	☒ maschine	☐ zuletzt	☒ gewitter
Hitze	Päckchen	Maschine		Gewitter
☐ baby	☐ hoffentlich	☐ kuss	☐ ruhe	☐ radio
☐ vielleicht	☐ biene	☐ angst	☐ kälte	☐ straße
☐ herbst	☐ beruf	☐ brille	☐ messer	☐ niemals
☐ boot	☐ höhle	☐ gefühl	☐ obst	☐ draußen
☐ käfer	☐ bloß	☐ lied	☐ brief	☐ quelle
☐ handy	☐ bisschen	☐ qual	☐ märz	☐ katze
☐ ohne	☐ glück	☐ pizza	☐ papier	☐ onkel
☐ nuss	☐ puppe	☐ wahl	☐ käfig	☐ während
☐ fleiß	☐ strand	☐ löffel	☐ zurück	☐ schnee
☐ herein	☐ stoff	☐ verein	☐ vogel	☐ teddy
☐ vater	☐ bevor	☐ fluss	☐ blitz	☐ freude

Nomen

Kreuze die Nomen an und schreibe sie groß.

☐ ähnlich	☒ freiheit	☒ zeugnis	☒ müll	☒ zeitung
Freiheit	Zeugnis	Müll	Zeitung	
☐ pferd	☐ wecker	☐ vampir	☐ hunger	☐ bequem
☐ tasse	☐ durst	☐ sohn	☐ schief	☐ magnet
☐ fuchs	☐ geruch	☐ vase	☐ fleißig	☐ wasser
☐ stark	☐ clown	☐ taxi	☐ seite	☐ erlebnis
☐ frieden	☐ ungefähr	☐ keks	☐ brücke	☐ lehrerin
☐ traum	☐ wiese	☐ teller	☐ dreckig	☐ zucker
☐ januar	☐ ruhig	☐ februar	☐ april	☐ winter
☐ afrika	☐ australien	☐ asien	☐ europa	☐ allein
☐ brand	☐ süß	☐ nachbar	☐ feuerwehr	☐ gefahr
☐ weihnachten	☐ uhu	☐ fehler	☐ quadrat	☐ wichtig
☐ ungeheuer	☐ papagei	☐ treu	☐ kiefer	☐ mutter

Nomen

Bilde Nomen.

Verb		Nomen
arbeiten	die	Arbeit
blitzen	der	
knallen	der	
streiten	der	
danken	der	
loben	das	
blicken	der	
siegen	der	
reizen	der	
spielen	das	
tippen	der	
schlucken	der	
fangen	der	
scheinen	der	
tauschen	der	
schlafen	der	
schreien	der	
tanken	der	
sitzen	der	
antworten	die	
gewinnen	der	
versuchen	der	
wachen	die	

Verb		Nomen
donnern	der	
feiern	die	
schaukeln	die	
wechseln	der	
sprudeln	der	
flüchten	die	Flucht
träumen	der	
grüßen	der	
wählen	die	
küssen	der	
wünschen	der	
glänzen	der	
strömen	der	
schützen	der	
quälen	die	
stürzen	der	
drücken	der	
hängen	der	
singen (Ge-)	der	Gesang
fühlen (Ge-)	das	
hören (Ge-)	das	
riechen (Ge-)	der	
schmecken (Ge-)	der	

Zusammengesetzte Nomen

Bilde zusammengesetzte Nomen und schreibe sie mit Artikel auf.

Arzt	+	die Praxis	Lehrer	+	das Zimmer
die Arztpraxis					
Bett	+	die Decke	Hunger	+	das Gefühl
Regen	+	der Wald	Taxi	+	der Fahrer
Brot	+	das Messer	Brand	+	der Schutz
Hunde	+	der Haufen	Pferde	+	die Decke
Tannen	+	der Baum	Blumen	+	der Strauß
Straßen	+	der Lärm	Bienen	+	das Wachs
Bücher	+	das Regal	Bilder	+	der Rahmen
Arzt	+	der Termin	Herbst	+	der Tag
Laub	+	der Baum	Schlüssel	+	das Loch
Karten	+	das Spiel	Schiff	+	die Fahrt
Stoff	+	die Farbe	Schluss	+	der Satz

! Das Aufeinandertreffen zweier oder dreier gleicher Buchstaben bei Wortzusammensetzungen sollte mit den Kindern besprochen werden.

Zusammengesetzte Nomen

Bilde zusammengesetzte Nomen und schreibe sie mit Artikel auf.

Hochzeits	+	das Kleid	Boots	+	die Fahrt
das Hochzeitskleid					
Berufs	+	die Wahl	Führungs	+	das Tor
Mittags	+	die Zeit	Verkehrs	+	der Lärm
Urlaubs	+	der Tag	Geschäfts	+	die Frau
Arbeits	+	der Platz	Zeitungs	+	der Leser
Glücks	+	das Gefühl	Lebens	+	der Raum
Schiffs	+	der Arzt	Zwillings	+	das Paar
Monats	+	der Lohn	Zukunfts	+	die Angst
Wohnungs	+	die Tür	Nahrungs	+	die Quelle
Friedens	+	die Pfeife	Unterrichts	+	das Ziel
Geruchs	+	der Sinn	Königs	+	der Sohn
Gefühls	+	die Sache	Geburts	+	die Stunde

! Das Fugen-s ist das am häufigsten vorkommende Fugenzeichen. Es vereinfacht die Aussprache der Wörter.

Zusammengesetzte Nomen

Bilde zusammengesetzte Nomen und schreibe sie mit Artikel auf.

jung	+	der Vogel	fett	+	der Fleck
der Jungvogel					
dick	+	die Milch	spät	+	der Herbst
groß	+	die Stadt	heiß	+	der Hunger
spitz	+	die Maus	schwarz	+	der Wald
süß	+	der Stoff	weit	+	der Blick
lang	+	die Strecke	schnell	+	das Boot
neu	+	die Wahl	klein	+	die Familie
hohl	+	der Raum	trocken	+	die Zeit
bunt	+	der Specht	fein	+	das Gefühl
kalt	+	das Wasser	fremd	+	das Wort
rot	+	der Fuchs	weiß	+	die Tanne
tief	+	der Flug	warm	+	die Miete

Zusammengesetzte Nomen

Bilde zusammengesetzte Nomen und schreibe sie mit Artikel auf.

backen	+	der Ofen	bohren	+	die Maschine
der Backofen					
nähen	+	das Zeug	gießen	+	die Kanne
fressen	+	der Napf	kennen	+	das Zeichen
drehen	+	der Stuhl	heizen	+	der Körper
mixen	+	das Getränk	reiten	+	der Stall
reißen	+	der Zahn	schimpfen	+	das Wort
riechen	+	das Organ	packen	+	das Papier
schalten	+	das Jahr	messen	+	der Becher
treffen	+	der Punkt	schließen	+	das Fach
leuchten	+	der Turm	brennen	+	die Nessel
klettern	+	die Pflanze	wechseln	+	das Geld
malen	+	das Buch	schieben	+	die Tür

Unterstreiche Satzanfänge und Nomen und schreibe richtig.

⊗	im wald liegen nüsse neben pilzen unter tannen und kiefern im moos.	7
○	beim blick in die zeitung muss lea weinen, weil sie einen text über zwiebeln liest.	6
○	omi sucht die freiheit. sie reist zum beispiel mit der bahn durch europa.	6
○	leo hat ein ziel. in der zukunft möchte er clown und kein lehrer mehr sein.	6

Im Wald liegen Nüsse neben Pilzen unter Tannen und Kiefern im Moos.

Leo

Omi reist gerne.

! Die unterstrichene graue Zahl zeigt die Anzahl der Großschreibungen an.

Schreibe die Texte auf Seite 12 neben die passenden Bilder.

- [x] Die Eiche hat einen kräftigen Stamm. In der Höhe rauscht das Laub im Wind.
- [ ] Maja geht morgens in ihre Schule hinein und kommt erst abends wieder heraus.
- [ ] Die Natur braucht unseren Schutz, denn Müll und Dreck sind eine Gefahr für sie.
- [ ] Es gewittert. Das Licht der Blitze ist schneller als der Schall des Donners.
- [ ] Opa ist wütend. Nirgendwo kann er seine Brille finden. Meistens hat er sie auf seinem Kopf.
- [ ] Thea sitzt im Kino. Der Film ist langweilig. Hoffentlich ist er bald vorbei.

Markiere Trennstellen und schreibe die Wörter getrennt auf.

Eu|ro|pa	Vorteil	Schärfe	Geschrei
Sache	Geruch	Technik	Gemeinde
Geburt	Haufen	Melodie	Deutschland

Eu-ro-pa

Abschreiben

Schreibe die Texte von Seite *11* neben die passenden Bilder.

Schützt die Natur!

Opas Brille

Eiche

Die Eiche hat einen kräftigen Stamm. In der Höhe rauscht das Laub im Wind.

Maja

und Donner

-heit

Bilde Nomen mit dem Wortbaustein **-heit**.

~~frei~~	blind	schön	schlau	gemein
faul	frech	selten	dunkel	gesund
klar	wahr	dumm	beliebt	trocken
echt	krank	sicher	einfach	berühmt

frei -heit die Freiheit

-heit die

-heit die

-heit die

-heit die

-heit die

-heit die

-heit die

-heit die

-heit die

-heit die

-heit die

-heit die

-heit die

-heit die

-heit die

-heit die

-heit die

-heit die

-heit die

-keit

Bilde Nomen mit dem Wortbaustein **-keit**.

~~neu~~ (-ig-)	~~heiter~~	flüssig	ähnlich	langsam
süß (-ig-)	häufig	ehrlich	schnell (-ig-)	ängstlich
hell (-ig-)	feucht (-ig-)	wichtig	fröhlich	schwierig
klein (-ig-)	traurig	sauber	deutlich	empfindlich

neu -keit die Neuigkeit

heiter -keit die Heiterkeit

-keit die

-keit die

-keit die

-keit die

-keit die

-keit die

-keit die

-keit die

-keit die

-keit die

-keit die

-keit die

-keit die

-keit die

-keit die

-keit die

-keit die

-keit die

-ung

Bilde Nomen mit dem Wortbaustein **-ung**.

führen	sammeln	impfen	kreuzen	verbrennen
retten	zeichnen	erklären	herstellen	überqueren
heizen	bezahlen	erzählen	entfernen	beobachten
ändern	verletzen	erwarten	entwickeln	verschmutzen

führen -ung die Führung
sammeln -ung die Sammlung
-ung die
-ung die
-ung die
-ung die
-ung die
-ung die
-ung die
-ung die
-ung die
-ung die
-ung die
-ung die
-ung die
-ung die
-ung die
-ung die
-ung die
-ung die

-e -er

Bilde Nomen mit dem Wortbaustein -e.

kalt -e	die Kälte	stark -e	die
still -e	die	scharf -e	die
treu -e	die	warm -e	die
tief -e	die	fremd -e	die
weit -e	die	fragen -e	die Frage
nah -e	die	lieben -e	die
groß -e	die	spitzen -e	die
hohl -e	die	reisen -e	die
nass -e	die	wiegen -e	die
glatt -e	die	spritzen -e	die
lang -e	die	stimmen -e	die
hart -e	die	skizzieren -e	die

Bilde Nomen mit dem Wortbaustein -er.

malen -er	der Maler	backen -er	der
lehren -er	der	wählen -er	der
wecken -er	der	bohren -er	der
mixen -er	der	stecken -er	der
öffnen -er	der	schalten -er	der
fehlen -er	der	klettern -er	der
siegen -er	der	surfen -er	der
fühlen -er	der	zeichnen -er	der
helfen -er	der	verlieren -er	der
lesen -er	der	gewinnen -er	der

-in -nis

Bilde Nomen mit dem Wortbaustein **-in** und ihre Mehrzahl mit **-innen**.

	-in	-innen
der Polizist	die Polizistin	die Polizistinnen
der Angler	die	die
der Held	die	die
der Lehrer	die	die
der Autor	die	die
der Bürger	die	die
der Koch	die	die
der Pilot	die	die
der Maler	die	die
der Richter	die	die
der Friseur	die	die

Bilde Nomen mit dem Wortbaustein **-nis** und ihre Mehrzahl mit **-nisse**.

	-nis	-nisse
ereignen	das Ereignis	die Ereignisse
ergeben	das	die
erzeugen	das	die
erleben	das	die
erlauben	die	die
erkennen (-t-)	die	die
ärgern	das	die
hindern	das	die
geheim	das	die

Unterstreiche Satzanfänge und Nomen und schreibe richtig.

X	ein bäcker und eine bäckerin backen brote. elf bäckerinnen backen kekse.	7
	nächste woche fällt der unterricht aus. es gibt nicht genug lehrerinnen und lehrer.	6
	paul ist arzt und paula ärztin. auch ihre acht schwestern möchten ärztinnen werden.	7
	berta ist boxerin und ihr hund ein boxer. viele boxerinnen halten selbst boxer.	7

Lehrer-mangel

Aus Teig wird Brot.

Ein Bäcker und eine Bäckerin backen Brote. Elf Bäckerinnen backen Kekse.

Berta mag Boxer.

Abschreiben Silbentrennung

Schreibe die Texte auf Seite 20 neben die passenden Bilder.

X	Nicht jedes Erlebnis zählt zu den schönsten Erlebnissen des Lebens.	-nis
	Gero hält kein Geheimnis geheim. Deshalb hat Gero keine Geheimnisse.	-nis
	Lehrer und Lehrerinnen erteilen ohne eine Erlaubnis keine Erlaubnisse.	-nis
	Das Ergebnis von *0 : 14* ist eines der besten Ergebnisse des FC Stolperfuß.	-nis
	Opas *121*. Geburtstag war ein Ereignis. Solche Ereignisse sind selten.	-nis
	Erni und Gert erhalten ihr Zeugnis. Die Zeugnisse sind sehr unterschiedlich.	-nis

Markiere Trennstellen und schreibe die Wörter getrennt auf.

Här|te	Freiheit	Kreuzung	Zeichnerin
Stärke	Heizung	Erwartung	Feuchtigkeit
Zeitung	Partner	Geheimnis	Beobachtung

Här-te

Neben den Abschreibsätzen wird jeweils auf den rechtschreiblichen Schwerpunkt verwiesen.

Abschreiben

Schreibe die Texte von Seite *19* neben die passenden Bilder.

0:14

Was hast du erlebt?

Nicht jedes Erlebnis zählt zu den schönsten Erlebnissen des Lebens.

Opa wurde *121*.

Wer hat das erlaubt?

Gero verrät viel.

Gert hat gute Noten.

b oder p | d oder t | g oder k

b oder p, d oder t, g oder k? Verlängere zuerst.

her b	(b)	p	das Lich t	d	(t)	das Fahrzeu g	(g)	k
herbe			Lichter			Fahrzeuge		
gu___	d	t	der Zwei___	g	k	das Quadra___	d	t
der Sta___	b	p	feuch___	d	t	schlan___	g	k
weni___	g	k	das Lie___	d	t	der Stran___	d	t
das Bil___	d	t	der Krie___	g	k	das Geschäf___	d	t
der Ta___	g	k	der Mona___	d	t	das Geschen___	g	k
der Tex___	d	t	das Kal___	b	p	das Spielzeu___	g	k
das Sie___	b	p	das Pfer___	d	t	schrä___	g	k
das Boo___	d	t	kran___	g	k	das Schil___	d	t
der Kor___	b	p	der Wal___	d	t	interessan___	d	t

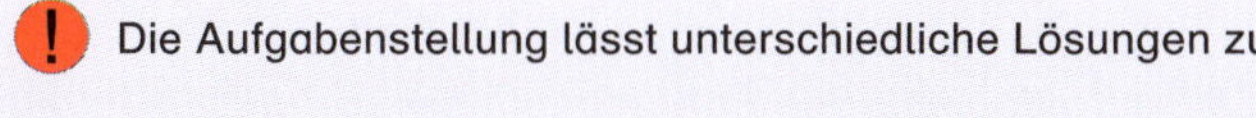
! Die Aufgabenstellung lässt unterschiedliche Lösungen zu.

b oder p | d oder t | g oder k

b oder p, d oder t, g oder k? Verlängere zuerst.

das Ra d	d	t	die Bur ___	g	k	spannen ___	d	t
Räder								
gro ___	b	p	das Lan ___	d	t	das Mikrosko ___	b	p
bun ___	d	t	der Erfol ___	g	k	das Schwer ___	d	t
lie ___	b	p	frem ___	d	t	der Schran ___	g	k
run ___	d	t	der Zwer ___	g	k	der Rekor ___	d	t
hal ___	b	p	der Bran ___	d	t	die Fabri ___	g	k
wil ___	d	t	die Ban ___	g	k	der Magne ___	d	t
der Ber ___	g	k	der Bu ___	b	p	der Urlau ___	b	p
der Zu ___	g	k	das Ba ___	d	t	das Gesich ___	d	t
gel ___	b	p	das Klei ___	d	t	der Aben ___	d	t

b oder p | d oder t | g oder k

b oder p, d oder t, g oder k? Verlängere zuerst.

das Bro t	d	(t)	blin___	d	t	das Hem___	d	t
Brote								
der Die___	b	p	das Fel___	d	t	der Katalo___	g	k
spä___	d	t	der Kru___	g	k	gesun___	d	t
flin___	g	k	das Kin___	d	t	das Geträn___	g	k
der Arz___	d	t	der Monta___	g	k	der Mun___	d	t
der We___	g	k	die Han___	d	t	der Ausflu___	g	k
har___	d	t	das Gra___	b	p	der Freun___	d	t
klu___	g	k	der Ty___	b	p	das Gelen___	g	k
trü___	b	p	das Gel___	d	t	der Umzu___	g	k
das Zel___	d	t	der Ran___	d	t	der Anzu___	g	k

b oder p | d oder t | g oder k

b oder p, d oder t, g oder k? Verlängere zuerst.

sie zei g t	(g)	k	sie wir d	(d)	t	er erle__t	b	p
wir zeigen			wir werden			wir ______		
er lie__t	b	p	er pie__t	b	p	sie bewe__t	g	k
wir ______			wir ______			wir ______		
er hu__t	b	p	er ma__	g	k	er pum__t	b	p
wir ______			wir ______			wir ______		
sie fra__t	g	k	er dan__t	g	k	er erlau__t	b	p
wir ______			wir ______			wir ______		
sie ü__t	b	p	sie den__t	g	k	sie pfle__t	g	k
wir ______			wir ______			wir ______		
sie ho b	(b)	p	sie tran__	g	k	er schrie__	b	p
wir heben			wir ______			wir ______		
er bo__	g	k	er blie__	b	p	sie schlu__	g	k
wir ______			wir ______			wir ______		
sie la__	g	k	er flo__	g	k	er schwie__	g	k
wir ______			wir ______			wir ______		
sie ga__	b	p	es stan__	g	k	sie scho__	b	p
wir ______			wir ______			wir ______		
sie tru__	g	k	sie wo__	g	k	er verbo__	d	t
wir ______			wir ______			wir ______		

Ordne die Verbformen zu.

übt	sagt	log	~~lebte~~	geübt	gelogen
gibt	zeigt	hob	legte	~~gelebt~~	gegeben
~~lebt~~	~~gräbt~~	gab	sagte	gelegt	gehoben
legt	findet	fand	zeigte	gesagt	gefunden
lügt	erlaubt	übte	schlug	erlaubt	~~gegraben~~
hebt	schlägt	~~grub~~	erlaubte	gezeigt	geschlagen

leben	graben	geben
es lebt (Gegenwart)	er gräbt (Gegenwart)	sie ____ (Gegenwart)
es lebte (1. Vergangenheit)	er grub (1. Vergangenheit)	sie ____ (1. Vergangenheit)
es hat gelebt (2. Vergangenheit)	er hat gegraben (2. Vergangenheit)	sie hat ____ (2. Vergangenheit)
üben	**erlauben**	**schlagen**
er ____ (Gegenwart)	sie ____ (Gegenwart)	es ____ (Gegenwart)
er ____ (1. Vergangenheit)	sie ____ (1. Vergangenheit)	es ____ (1. Vergangenheit)
er hat ____ (2. Vergangenheit)	sie hat ____ (2. Vergangenheit)	es hat ____ (2. Vergangenheit)
legen	**lügen**	**finden**
es ____ (Gegenwart)	er ____ (Gegenwart)	sie ____ (Gegenwart)
es ____ (1. Vergangenheit)	er ____ (1. Vergangenheit)	sie ____ (1. Vergangenheit)
es hat ____ (2. Vergangenheit)	er hat ____ (2. Vergangenheit)	sie hat ____ (2. Vergangenheit)
sagen	**zeigen**	**heben**
er ____ (Gegenwart)	sie ____ (Gegenwart)	sie ____ (Gegenwart)
er ____ (1. Vergangenheit)	sie ____ (1. Vergangenheit)	sie ____ (1. Vergangenheit)
er hat ____ (2. Vergangenheit)	sie hat ____ (2. Vergangenheit)	sie hat ____ (2. Vergangenheit)

Ordne die Verbformen zu.

jagt	klebt	trug	klebte	erlebt	bewegt
lobt	pflegt	jagte	pflegte	gejagt	geklebt
tobt	erlebt	lobte	erlebte	gelobt	gepflegt
folgt	glaubt	tobte	glaubte	getobt	getragen
fragt	bewegt	folgte	bewegte	gefolgt	geglaubt
trägt	empfindet	fragte	empfand	gefragt	empfunden

toben	kleben	glauben
es tobt (Gegenwart)	es ____ (Gegenwart)	er ____ (Gegenwart)
es tobte (1. Vergangenheit)	es ____ (1. Vergangenheit)	er ____ (1. Vergangenheit)
es hat getobt (2. Vergangenheit)	es hat ____ (2. Vergangenheit)	er hat ____ (2. Vergangenheit)
jagen	**folgen**	**tragen**
es ____ (Gegenwart)	sie ____ (Gegenwart)	sie ____ (Gegenwart)
es ____ (1. Vergangenheit)	sie ____ (1. Vergangenheit)	sie ____ (1. Vergangenheit)
es hat ____ (2. Vergangenheit)	sie ist ____ (2. Vergangenheit)	sie hat ____ (2. Vergangenheit)
loben	**fragen**	**pflegen**
sie ____ (Gegenwart)	er ____ (Gegenwart)	er ____ (Gegenwart)
sie ____ (1. Vergangenheit)	er ____ (1. Vergangenheit)	er ____ (1. Vergangenheit)
sie hat ____ (2. Vergangenheit)	er hat ____ (2. Vergangenheit)	er hat ____ (2. Vergangenheit)
erleben	**bewegen**	**empfinden**
er ____ (Gegenwart)	sie ____ (Gegenwart)	es ____ (Gegenwart)
er ____ (1. Vergangenheit)	sie ____ (1. Vergangenheit)	es ____ (1. Vergangenheit)
er hat ____ (2. Vergangenheit)	sie hat ____ (2. Vergangenheit)	es hat ____ (2. Vergangenheit)

Wortfamilien

Ordne die Wörter zu Wortfamilien.

wild	wiegen	pflegte	biegsam	schieben	verwildert
geben	Pfleger	sie bog	Wilderer	Pflegerin	abwiegen
wilder	pflegen	sie gab	gegeben	gewogen	wildfremd
Wiege	Wildnis	er biegt	angeben	sie pflegt	geschoben
er gibt	sie wog	gepflegt	gebogen	sie schob	anschieben
biegen	es wiegt	Biegung	abgeben	er schiebt	verschieben

Wortstamm GEB

geben sie gab

Wortstamm BIEG

Wortstamm WILD

Wortstamm WIEG

Wortstamm PFLEG

Wortstamm SCHIEB

b oder p | d oder t | g oder k

b oder p, d oder t, g oder k? Verlängere zuerst.

die Ber g bahn Berge	g oder k	die Blin d heit blinde	d oder t	der Schrei b fehler schreiben	b oder p
das Flu ___ zeug	g oder k	der Wal ___ lauf	d oder t	das Schal ___ jahr	d oder t
die Hal ___ kugel	b oder p	die Lan ___ karte	d oder t	der Star ___ strom	g oder k
der Spä ___ herbst	d oder t	das Lie ___ chen	d oder t	das Schla ___ zeug	g oder k

b oder p, d oder t, g oder k? Verlängere zuerst.

mu t ig	d oder t	der Mu t	der Mut
stau ___ ig	b oder p	der Stau ___	
nieman ___ en	d oder t	nieman ___	
jeman ___ en	d oder t	jeman ___	
Hunder ___ e	d oder t	hunder ___	
Tausen ___ e	d oder t	tausen ___	
der Frie ___ en	d oder t	frie ___ lich	
empfin ___ en	d oder t	empfin ___ lich	
wir stan ___ en	d oder t	sie stan ___	
wir zo ___ en	g oder k	es zo ___	
erlau ___ en	b oder p	die Erlau ___ nis	
erle ___ en	b oder p	das Erle ___ nis	

! Die obere Aufgabenstellung lässt unterschiedliche Lösungen zu.

Schreibe die Texte auf Seite 30 neben die passenden Bilder.

☒	Ulf sucht jemanden für eine Brieffreundschaft. Hat jemand Interesse?	d oder t
○	Einige Bienen in unserem Dorf sind tot. Pflanzenschutzmittel haben sie getötet.	d oder t
○	Wir empfinden Ruhe als Wohltat. Auf Lärm reagieren wir nämlich empfindlich.	d oder t
○	Wann herrscht überall Frieden? Welcher Mensch möchte nicht friedlich leben?	d oder t
○	Vorgestern standen alle Ampeln auf Rot. Das stand gestern in der Zeitung.	d oder t
○	Tausende von Clowns zählten aus Spaß etwa tausendmal bis tausend.	d oder t

Markiere Trennstellen und schreibe die Wörter getrennt auf.

Ur|laub	Zeugnis	Flugzeug	Laubbaum
Jugend	tausend	Erlaubnis	jugendlich
jemand	Erlebnis	Landkarte	Strandkorb

Ur-laub

Schreibe die Texte von Seite 29 neben die passenden Bilder.

1000

Ruhe!

Ulf Umlaut
Silbenweg 7
12345 Verbdorf

Ulf sucht jemanden für eine Brieffreundschaft.
Hat jemand Interesse?

FRIEDEN
PEACE
PAIX

Unterstreiche Satzanfänge und Nomen und schreibe richtig.

erni und gert möchten die natur erleben. die natur bietet ihnen viele erlebnisse. 6

die kinder erlauben sich mit der erlaubnis ihrer lehrerin einige scherze. 5

auf einer düne befiehlt maik seinem hund einen handstand im sand zu machen. 6

erst zogen regenwolken auf. dann zog susi sich eine regenjacke über. 5

Wir lieben Scherze!

NATUR

Erni und Gert möchten die Natur erleben.
Die Natur bietet ihnen viele Erlebnisse.

Merkwörter mit X/x

Trage die Merkwörter mit X/x in die Lücken ein.

Axt	Nixe	exakt	Praxis	Xylofon	Experten
Mix	Hexe	Mixer	Obelix	Lexikon	Exemplar
Taxi	Texte	boxen	Mexiko	Saxofon	Experiment

Versuch: Experiment ___ • Arbeitsraum des Arztes: ___

Asterix und ___ • Sie reitet auf dem Besen: ___

Wassergeist: ___ • Blasinstrument: ___

prügeln, schlagen: ___ • Damit hackt man Holz: ___

Die Autorin schreibt lustige ___ . • Land: ___

Verkehrsmittel: ___ • Schlaginstrument: ___

Gerät zum Mixen: ___ • Fachleute: ___

Mischung: ___ • Nachschlagewerk: ___

genau: ___ • einzelnes Stück: ___

Trage die Merkwörter mit X/x in die Lücken ein.

Nixen/Texte	Taxi/Mexiko	boxen/Mixer	Saxofon/Xylofon
Axt/Lexikon	Hexe/Praxis	Exemplar/exakt	Expertin/exotische

Ein Saxofon ___ klingt anders als ein Xylofon ___ .

Dr. Karies behandelt die kleine ___ in seiner ___ .

Der lustige Pedro fährt ___ in ___ .

Das Wort ___ ist im ___ unter A/a eingeordnet.

___ schreiben ___ stets mit wasserfester Tinte.

Die Boxer ___ im Ring um einen neuen ___ .

Pia Piep ist ___ für ___ Vögel.

Ein ___ des Buches kostet ___ *11* €.

❗ Mit bearbeiteten Lückentexten können Kinder das richtige Abschreiben üben.

Merkwörter mit V/v

Trage die Merkwörter mit V/v in die Lücken ein.

voll	Verb	Ventil	Advent	Adjektiv	Vitamine
vier	Vase	Vokal	Klavier	Pullover	Silvester
brav	Vater	Vogel	Vulkan	vielleicht	November

Wiewort (lateinisch): Adjektiv ______ • Tunwort (lateinisch): ______

Selbstlaut (lateinisch): ______ • Gefäß für Blumen: ______

31. Dezember: ______ • Tier mit Flügeln: ______

Gegenteil von leer: ______ • Tasteninstrument: ______

Zahl: ______ • Verschluss am Fahrradreifen: ______

artig, lieb: ______ • Gemüse enthält ______.

Elternteil: ______ • Feuer speiender Berg: ______

Monat: ______ • Vorweihnachtszeit: ______

Pulli: ______ • nicht sicher: ______

Trage die Merkwörter mit V/v in die Lücken ein.

vier/Ventil	Vogel/Vase	viele/Vitamine	November/Pullover
Verb/Vokal	Klavier/Vater	Silvester/vielleicht	vollständig/Adjektiv

Im November ______ trägt Trudi oft einen warmen Pullover ______.

Ein ______ ist ein Tunwort. Ein ______ ist ein Selbstlaut.

Der ______ flattert aufgeregt um eine ______ herum.

Vera spielt ______ und ihr ______ Blockflöte.

Es ist kalt. ______ fällt ______ Schnee.

An jedem der ______ Reifen befindet sich ein ______.

Obst und Gemüse enthalten ______ ______.

Das Wort ______ ist ein ______.

Ver-/ver-

Bilde sinnvolle Verben mit dem Wortbaustein **ver-**.

ver-	☒ -brennen	☐ -kichern	☒ -stärken	☒ -brauchen

verbrennen verstärken verbrauchen

ver-	☐ -bieten	☐ -missen	☐ -wechseln	☐ -grüßen

ver-	☐ -doppeln	☐ -wissen	☐ -packen	☐ -ärgern

ver-	☐ -gießen	☐ -drehen	☐ -niesen	☐ -glühen

ver-	☐ -rauben	☐ -stecken	☐ -raten	☐ -rühren

Trage die Wörter mit **Ver-/ver-** in die Lücken ein.

verlieren	Verletzung	verschmutzen
verletzen	Verpackung	Verschmutzung
vergessen	Verbrennung	Verkehrszeichen

Wir verschmutzen die Meere mit unseren Abfällen.

Die ________ der Meere hat schlimme Folgen.

Bei einer ________ entstehen hohe Temperaturen.

Das Stoppschild ist ein ________.

Leider landet eine ________ meistens im Müll.

Erni hat seinen Ranzen und den Turnbeutel ________.

Im Herbst ________ die Bäume ihre Blätter.

Bei dem Zweikampf ________ sich beide Fußballer leicht.

Eine Muskelzerrung ist eine ________.

Vor-/vor-

Bilde sinnvolle Verben mit dem Wortbaustein **vor-**.

vor-	☐ -knacken	☒ -wählen	☒ -zeichnen	☒ -kommen

vorwählen vorzeichnen vorkommen

vor-	☐ -führen	☐ -stellen	☐ -nehmen	☐ -zwicken

vor-	☐ -lassen	☐ -hängen	☐ -werden	☐ -fahren

vor-	☐ -schneien	☐ -setzen	☐ -ziehen	☐ -spielen

vor-	☐ -rennen	☐ -riechen	☐ -rücken	☐ -rechnen

Trage die Wörter mit **Vor-/vor-** in die Lücken ein.

Vorfahrt	Vorname	Vorschlag
Vorsicht	vorsichtig	vorgestern
vorwärts	Vormittag	Vorstellung

Beim Umgang mit Wildpilzen ist äußerste ____________ geboten.

Im Straßenverkehr muss die ____________ beachtet werden.

Im Straßenverkehr kann man nicht ____________ genug sein.

Zwischen ____________ und heute lag gestern.

Zwischen dem Morgen und dem Mittag liegt der ____________.

Die ____________ beginnt heute Nachmittag um *15.07* Uhr.

Manuela macht eine Rolle ____________ und eine rückwärts.

Erni macht Gert einen ____________ und Gert nimmt ihn an.

Britney Else Einsteins erster ____________ ist Britney.

Ordne die Verbformen zu.

verspricht	versucht	las vor	verkaufte	verkauft	verändert
liest vor	verbringt	versprach	versuchte	verlangt	verglichen
verkauft	verändert	trug vor	verbrachte	versucht	verbraucht
verlangt	vergleicht	verglich	veränderte	versprochen	vorgelesen
trägt vor	verbraucht	verlangte	verbrauchte	verbracht	vorgetragen

verlangen	vergleichen
es verlangt (Gegenwart)	sie ______ (Gegenwart)
es verlangte (1. Vergangenheit)	sie ______ (1. Vergangenheit)
es hat verlangt (2. Vergangenheit)	sie hat ______ (2. Vergangenheit)
versprechen	**verbringen**
er ______ (Gegenwart)	sie ______ (Gegenwart)
er ______ (1. Vergangenheit)	sie ______ (1. Vergangenheit)
er hat ______ (2. Vergangenheit)	sie hat ______ (2. Vergangenheit)
versuchen	**verändern**
es ______ (Gegenwart)	er ______ (Gegenwart)
es ______ (1. Vergangenheit)	er ______ (1. Vergangenheit)
es hat ______ (2. Vergangenheit)	er hat ______ (2. Vergangenheit)
verkaufen	**verbrauchen**
er ______ (Gegenwart)	sie ______ (Gegenwart)
er ______ (1. Vergangenheit)	sie ______ (1. Vergangenheit)
er hat ______ (2. Vergangenheit)	sie hat ______ (2. Vergangenheit)
vorlesen	**vortragen**
sie ______ (Gegenwart)	er ______ (Gegenwart)
sie ______ (1. Vergangenheit)	er ______ (1. Vergangenheit)
sie hat ______ (2. Vergangenheit)	er hat ______ (2. Vergangenheit)

ab- mit- um-

Bilde sinnvolle Verben mit den Wortbausteinen ab-, mit- und um-.

ab-	☐ -trösten	☒ -schaffen	☒ -schließen	☒ -wählen
		abschaffen	abschließen	abwählen
ab-	☐ -reißen	☐ -quieken	☐ -kühlen	☐ -streiten
ab-	☐ -ziehen	☐ -fließen	☐ -setzen	☐ -stinken
ab-	☐ -beißen	☐ -klingeln	☐ -bauen	☐ -biegen
mit-	☐ -bringen	☐ -riechen	☐ -essen	☐ -ziehen
mit-	☐ -helfen	☐ -fühlen	☐ -spielen	☐ -knicken
mit-	☐ -regnen	☐ -zählen	☐ -fahren	☐ -arbeiten
mit-	☐ -teilen	☐ -reißen	☐ -donnern	☐ -nehmen
um-	☐ -bauen	☐ -husten	☐ -ziehen	☐ -rühren
um-	☐ -brüllen	☐ -biegen	☐ -fallen	☐ -rennen
um-	☐ -drehen	☐ -blicken	☐ -winseln	☐ -binden
um-	☐ -setzen	☐ -füllen	☐ -ändern	☐ -bellen

aus- auf- be-

Bilde sinnvolle Verben mit den Wortbausteinen **aus-**, **auf-** und **be-**.

aus-	☐ -ziehen	☐ -reißen	☐ -blicken	☐ -grunzen
aus-	☐ -kreischen	☐ -gießen	☐ -packen	☐ -kennen
aus-	☐ -wählen	☐ -lassen	☐ -hoppeln	☐ -kratzen
aus-	☐ -setzen	☐ -sehen	☐ -stellen	☐ -sausen
auf-	☐ -hinken	☐ -bauen	☐ -wecken	☐ -drehen
auf-	☐ -wachen	☐ -lassen	☐ -passen	☐ -pupsen
auf-	☐ -reißen	☐ -rodeln	☐ -blicken	☐ -wachsen
auf-	☐ -fallen	☐ -frösteln	☐ -führen	☐ -fressen
be-	☐ -raten	☐ -grüßen	☐ -krachen	☐ -setzen
be-	☐ -flattern	☐ -stärken	☐ -fehlen	☐ -zeichnen
be-	☐ -heizen	☐ -streiten	☐ -kommen	☐ -knicken
be-	☐ -jucken	☐ -gießen	☐ -ziehen	☐ -stimmen

zu- ein- an-

Bilde sinnvolle Verben mit den Wortbausteinen **zu-**, **ein-** und **an-**.

zu-	☐ -ordnen	☐ -frieren	☐ -quietschen	☐ -beißen
zu-	☐ -lassen	☐ -treffen	☐ -krächzen	☐ -drücken
zu-	☐ -packen	☐ -drehen	☐ -kneten	☐ -stimmen
zu-	☐ -witzeln	☐ -geben	☐ -sehen	☐ -ziehen
ein-	☐ -bauen	☐ -hopsen	☐ -treffen	☐ -impfen
ein-	☐ -ziehen	☐ -fühlen	☐ -knirschen	☐ -drücken
ein-	☐ -gießen	☐ -hocken	☐ -packen	☐ -biegen
ein-	☐ -heizen	☐ -reißen	☐ -nehmen	☐ -nörgeln
an-	☐ -lassen	☐ -führen	☐ -kämmen	☐ -beißen
an-	☐ -schlürfen	☐ -treffen	☐ -bauen	☐ -packen
an-	☐ -passen	☐ -ziehen	☐ -knistern	☐ -blicken
an-	☐ -knittern	☐ -nähen	☐ -bieten	☐ -nehmen

er- ent- weg-

Bilde sinnvolle Verben mit den Wortbausteinen **er-**, **ent-** und **weg-**.

er-	☐ -leben	☐ -setzen	☐ -blicken	☐ -impfen
er-	☐ -purzeln	☐ -frieren	☐ -lassen	☐ -kennen
er-	☐ -hoffen	☐ -warten	☐ -schreien	☐ -schaffen
er-	☐ -raten	☐ -ziehen	☐ -bauen	☐ -knuspern
ent-	☐ -reißen	☐ -halten	☐ -führen	☐ -kichern
ent-	☐ -wickeln	☐ -werfen	☐ -bellen	☐ -nehmen
ent-	☐ -schlecken	☐ -fliehen	☐ -stehen	☐ -rätseln
ent-	☐ -zünden	☐ -lassen	☐ -tanzen	☐ -brennen
weg-	☐ -brüten	☐ -hören	☐ -fahren	☐ -packen
weg-	☐ -stoßen	☐ -ziehen	☐ -rennen	☐ -lauschen
weg-	☐ -setzen	☐ -führen	☐ -blöken	☐ -räumen
weg-	☐ -gehen	☐ -frieren	☐ -geben	☐ -nehmen

Schreibe die Texte auf Seite 42 neben die passenden Bilder.

◯	Carmen versucht Ruhe zu bewahren. Sie lässt sich nicht verrückt machen.	ver-
◯	Einige Menschen verletzen Gesetze und verlieren dadurch ihre Freiheit.	ver-
◯	Opa grillt. Die Kohle verglüht und die Würstchen verbrennen zu Asche.	ver-
◯	Milo vergisst die Zeit. Erstens verpasst er seinen Zug. Zweitens wird er sich verspäten.	ver-
◯	Wir sollten unsere Umwelt nicht weiter verschmutzen. Sind wir so vernünftig?	ver-
◯	Wir verbrauchen sehr viel Kunststoff. Wir verpacken sogar Salatgurken.	ver-

Markiere Trennstellen und schreibe die Wörter getrennt auf.

anbauen	begegnen	zuschauen	abschalten
entfernen	erklären	aussuchen	umtauschen
einheizen	miterleben	wegwerfen	aufzeichnen

Abschreiben

Schreibe die Texte von Seite 41 neben die passenden Bilder.

Freiheit

Carmen

Plastik für Gurken?

Schützt die Umwelt!

Unterstreiche Satzanfänge und Nomen und schreibe richtig.

◯	zuerst muss nora ihr bett abziehen. danach muss sie ihr zimmer aufräumen.	5
◯	menschen entwickeln raketen und entfernen sich mit ihnen von der erde.	3
◯	oma ernährt sich richtig. beim blick auf die waage muss sie nicht erschrecken.	4
◯	die nacht begann. begeistert beobachteten wir viele funkelnde sterne.	4

Nora räumt auf.

Wie viel wiegt Oma?

-ig

Bilde Adjektive mit dem Wortbaustein **-ig**.

Not	-ig	nötig	Wald	-ig	
Wolke	-ig	wolkig	Fluss	-ig	
Ruhe	-ig		Sand	-ig	
Fett	-ig		Spaß	-ig	
Ecke	-ig		Durst	-ig	
Fleiß	-ig		Draht	-ig	
Haufen	-ig		Dreck	-ig	
Maß	-ig		Schatten	-ig	
Kraft	-ig		Vernunft	-ig	
Wind	-ig		Schmutz	-ig	

Trage die Adjektive mit dem Wortbaustein **-ig** in die Lücken ein.

giftig	eckig	häufig	fleißig	durstig	neugierig
nötig	mutig	kräftig	flüssig	dreckig	vernünftig
ruhig	witzig	wolkig	sonnig	hungrig	schmutzig

reimt sich auf eckig: dreckig

Hunger habend: ______

nicht sauber: ______

stark, muskulös: ______

Durst habend: ______

tapfer, furchtlos: ______

wissbegierig: ______

überlegt, klug: ______

☠ : ______

- oft, ständig: ______
- wolkenlos: ______
- lautlos, still: ______
- Ein Rechteck ist ______.
- wolkenbedeckt: ______
- lustig, komisch: ______
- notwendig: ______
- tüchtig: ______
- weder fest noch gasförmig: ______

-ig

Mache das g in den Wörtern mit -ig durch Verlängern hörbar.

nötig	häufig	dreckig
nötige		
giftig	kräftig	hungrig
fettig	mäßig	schattig
ruhig	wolkig	gefräßig
fertig	windig	lebendig
eckig	flüssig	zukünftig
riesig	waldig	neugierig
lustig	sandig	schwierig
mutig	sonnig	vorsichtig
farbig	spaßig	vernünftig
fleißig	durstig	schmutzig
richtig	wichtig	vollständig

! Die Aufgabenstellung lässt unterschiedliche Lösungen zu.

Bilde Adjektive mit dem Wortbaustein **-lich**.

Tag	-lich	täglich	Natur	-lich	
Ehre	-lich		Ärger	-lich	
Ende	-lich		Glück	-lich	
Arzt	-lich		Angst	-lich	
Jahr	-lich		Mann	-lich	
Wort	-lich		Herbst	-lich	
Land	-lich		Freund	-lich	
Frieden	-lich		Gefahr	-lich	
Sport	-lich		Jugend	-lich	
Raum	-lich		Schreck	-lich	

Trage die Adjektive mit dem Wortbaustein **-lich** in die Lücken ein.

täglich	jährlich	deutlich	glücklich	ordentlich	schrecklich
ehrlich	fröhlich	friedlich	pünktlich	gefährlich	erforderlich
ähnlich	herrlich	plötzlich	ängstlich	gesetzlich	empfindlich

durch Gesetze geregelt: gesetzlich
Tag für Tag: ______
Jahr für Jahr: ______
von Angst erfüllt: ______
von Glück erfüllt: ______
wunderbar: ______
furchtbar: ______
ohne Gewalt: ______
gefahrvoll: ______
nötig: ______
vergnügt: ______
empfindsam: ______
nicht zu spät: ______
auf einmal: ______
nicht unähnlich: ______
aufgeräumt: ______
klar, genau, eindeutig: ______
aufrichtig: ______

-bar, -isch, -haft, -los, -sam

Bilde Adjektive mit dem Wortbaustein -bar.

Halt	-bar	haltbar	Dank	-bar	
Strafe	-bar		Furcht	-bar	
Wahl	-bar		Wunder	-bar	

Bilde Adjektive mit dem Wortbaustein -isch.

Typ	-isch		Sturm	-isch	
Tier	-isch		Himmel	-isch	
Kind	-isch		Quadrat	-isch	

Bilde Adjektive mit dem Wortbaustein -haft.

Rätsel	-haft		Beispiel	-haft	
Fehler	-haft		Schreck	-haft	
Traum	-haft		Schmerz	-haft	

Bilde Adjektive mit dem Wortbaustein -los.

Ziel	-los		Glück	-los	
Maß	-los		Gefahr	-los	
Kraft	-los		Schutz	-los	

Bilde Adjektive mit dem Wortbaustein -sam.

Mühe	-sam		Furcht	-sam	
Sorge	-sam		Gewalt	-sam	
Arbeit	-sam		Wunder	-sam	

Finde jeweils ein verwandtes Wort mit A/a.

erkälten	färben	die Fähre
kalt	Farbe	fahren
die Hände	die Länder	die Kämme
die Fächer	wärmer	die Schärfe
die Gläser	die Gänse	es wächst
täglich	die Ängste	die Schränke
länger	die Wälder	der Träger
die Stärke	nächtlich	der Fänger
kräftig	die Bäche	schwächer
quälen	die Fußbälle	gefährlich
älter	der Jäger	die Wäsche
ärmer	die Äpfel	er schläft
die Nähe	sie hält	das Päckchen

! Die Aufgabenstellung lässt unterschiedliche Lösungen zu.

Finde jeweils ein verwandtes Wort mit A/a.		
kälter	die Pässe	die Strände
blättern	die Dächer	er fängt
die Gräser	stärker	er brät
jährlich	die Späße	die Bäckerin
die Härte	wählen	sie trägt
die Häfen	es fällt	er gräbt
die Ärzte	schärfer	die Gärten
näher	die Städte	der Schläger
die Stäbe	die Wärme	sie lässt
ländlich	die Väter	stämmig
die Nähte	die Brände	kämpfen
verlängern	die Schwämme	die Schwäche

A/a wird Ä/ä

Finde jeweils ein verwandtes Wort mit A/a.

zählen	verstärken	das Gewächs
härter	die Plätze	kämmen
die Äste	die Zähne	verschärfen
die Kälte	städtisch	das Gebäck
ärztlich	die Bänke	sie schlägt
die Blätter	männlich	sie fährt
die Äxte	sie rät	schädlich
nähern	die Drähte	er wäscht
die Länge	hängen	schälen
die Kälber	wärmen	die Stämme
die Nässe	die Bänder	die Mäntel
die Kräfte	ängstlich	das Gefängnis

Finde jeweils ein verwandtes Wort mit **au**.

läuten	die Fäuste	es säuft
laut	Faust	saufen
einzäunen	die Bäume	die Sträucher
die Läuse	säuerlich	die Sträuße
die Säue	aufräumen	der Verkäufer
die Mäuler	er läuft	die Bräuche
die Kräuter	träumen	die Schläuche
bläulich	das Mäuerchen	gläubig
die Bräute	bräunen	der Räuber
die Häute	die Bäuche	schäumen
die Käuze	räuchern	häufig
die Mäuse	das Gebäude	säubern
häuslich	der Däumling	der Säugling

A/a wird Ä/ä

au wird äu

Schreibe die verwandten Wörter mit Ä/ä oder äu.

der Alarm	ä	der L ä rm	der Lärm
der Arzt	Ä	die __ rztin	
die Nahrung	ä	ern __ hren	
die Naht	ä	n __ hen	
kalt	ä	erk __ lten	
anders	ä	__ ndern	
raten	ä	das R __ tsel	
schaffen	ä	das Gesch __ ft	
rauschen	äu	das Ger __ sch	
außen	äu	__ ßerlich	

Ordne die Wörter zu Wortfamilien.

raten	sie riet	erraten	häufiger	anhäufen	verändern
häufig	anders	Haufen	geändert	rätselhaft	Häufigkeit
Rätsel	ändern	du rätst	Häufchen	Änderung	du änderst

Wortstamm RAT

raten sie riet

Wortstamm HAUF

Wortstamm ANDER

Wortfamilien

Ordne die Wörter zu Wortfamilien.

~~klar~~	~~klären~~	es hing	erklären	geräumig	Anhänger
Land	landen	räumen	Gelände	aufklären	sie erklärt
Hang	Ängste	Klärung	räumlich	es träumt	aufräumen
Raum	Länder	ländlich	es hängt	verträumt	verängstigt
Angst	Räume	träumen	ängstlich	traumhaft	Landschaft
Traum	hängen	Vorhang	geträumt	ängstigen	Ängstigung

Wortstamm KLAR

klar klären

Wortstamm LAND

Wortstamm HÄNG

Wortstamm RAUM

Wortstamm ANGST

Wortstamm TRÄUM

Groß- und Kleinschreibung

Unterstreiche Satzanfänge und Nomen und schreibe richtig.

ohne europäerinnen und europäer wäre europa nicht sonderlich europäisch. 4

der lärm der lärmenden kinder übertönte den alarm schlagenden lehrer. 5

die ärztin erzählt dem arzt einen lustigen witz über ärztinnen und ärzte. 6

alle brauchen nahrung. die ernährung ist wichtig. ernährst du dich richtig? 5

witzig

Lärm

Europa

Gemüse ist gesund.

Schreibe die Texte auf Seite 56 neben die passenden Bilder.

Klara kann klar und deutlich erklären. Klaras Erklärungen klären einiges. ä

Benötigt eine Ärztin oder ein Arzt für eine Naht am Fuß eine Nähmaschine? ä

Ein jeder ist anders als jeder andere und wir alle verändern uns ständig. ä

Das Rätsel ist Rainer viel zu rätselhaft. Er kann die Lösung nur erraten. ä

Die Beschäftigten wollen von nun an täglich Ordnung im Geschäft schaffen. ä

Omi äußert sich auch außerhalb der Stadt über Opis lustige Äußerungen. äu

Markiere Trennstellen und schreibe die Wörter getrennt auf.

häufig	quälen	stärken	Gebäude
kräftig	Länder	träumen	Geschäft
ärgern	ändern	erklären	aufräumen

Abschreiben

Schreibe die Texte von Seite *55* neben die passenden Bilder.

Naht

Opi ist sehr lustig.

Rainer muss raten.

Klara klärt einiges.

Jeder ist anders.

Ordnung

Eu/eu

Trage die Wörter mit **Eu/eu** in die Lücken ein.

neu	Euro	feucht	steuern	Zeugnis	Kreuzung
treu	Kreuz	~~Steuer~~	deutsch	leuchten	Feuchtigkeit
neun	Feuer	Europa	deutlich	Flugzeug	Deutschland

Der Kapitän steht am Steuer ______. ✸ Die Sterne ______.

Gert wischt den Boden immer nur ______. ✸ €: ______

Nässe: ______ ✸ noch ungebraucht: ______

Luftfahrzeug: ______ ✸ reimt sich auf neu: ______

Land: ______ ✸ Kontinent: ______

Ein Bus überquert die ______. ✸ Brand: ______

lenken: ______ ✸ Wer ankreuzt, macht ein ______.

Beurteilung in der Schule: ______ ✸ Zahl: ______

klar, genau: ______ ✸ Igor spricht gut ______.

Trage die Wörter mit **Eu/eu** in die Lücken ein.

Europa/Kreuz	treue/Freundin	Flugzeug/deutlich	feucht/Feuchtigkeit
Zeugnis/Feuer	Steuer/gesteuert	Kreuzung/leuchtet	Deutschland/deutsch

Die Luft ist ______. Sie enthält ______.

In ______ spricht man ______.

Die Ampel an der ______ ______ rot.

Ina ist Tina seit Jahren eine ______ ______.

Ein ______ ist ______ größer als ein Floh.

Das Fahrzeug wird mit einem ______ ______.

Mit einem ______ zündet man kein ______ an.

Nicht nur in ______ ist das Pluszeichen ein ______.

Qu/qu

Trage die Wörter mit **Qu/qu** in die Lücken ein.

quer	Qualm	quaken	bequem	Quatsch	quetschen
Quiz	Qualle	quieken	Quadrat	Quartier	unbequem
Qual	Quelle	exquisit	Quartett	Querflöte	überqueren

Instrument: ______ • gemütlich: ______

Viereck: ______ • ungemütlich: ______

Die Frösche ______. • Die Ferkel ______.

Kartenspiel: ______ • Frage-Antwort-Spiel: ______

Meerestier: ______ • schief, schräg, diagonal: ______

Unsinn: ______ • einklemmen: ______

Rauch: ______ • reimt sich auf Stelle: ______

Leid, Elend: ______ • eine Straße ______

Unterkunft: ______ • hervorragend: ______

Trage die Wörter mit **Qu/qu** in die Lücken ein.

Qualm/Qual	quer/Quadrate	Quelle/bequem	Aquarium/Qualle
Quitte/Quarz	quietscht/quält	überquert/quiekt	Querflöte/Quartett

In Alis ______ schwimmt eine riesige ______.

Gert spielt oft ______ und Erni ______.

Die ______ des Flusses ist ______ zu erreichen.

Das Ferkel ______ eine Brücke und ______.

Der ______ von Zigaretten ist für viele eine ______.

Lilli liebt ______ gestreifte Latzhosen und ______.

Die Kreide ______. Das Geräusch ______ uns.

Die ______ ist eine Frucht und ______ ein Mineral.

Merkwörter mit chs

Trage die Merkwörter mit chs in die Lücken ein.

sechs	Fuchs	Ochse	Achsel	Gewächs	erwachsen
Lachs	Echse	Dachs	Büchse	wechseln	sechshundert
Luchs	Achse	Wachs	Sachsen	Sechseck	sechstausend

Fisch: ______ • Erwachsene sind ______.

6000: ______ • Raubkatze: ______

deutsches Bundesland: ______ • Reptil: ______

ein männliches Rind: ______ • Pflanze: ______

600: ______ • Dose, Box: ______

Baustoff für Bienenwaben: ______ • Wagenteil: ______

Körperbereich: ______ • austauschen: ______

Raubtier aus der Familie der Marder: ______ • 6: ______

Vieleck: ______ • rötlich braunes Raubtier: ______

Trage die Merkwörter mit chs in die Lücken ein.

Lachs/Achseln	wuchs/Sachsen	Dachs/Sechseck	Luchse/Nachwuchs
Dachse/Wachs	Fuchs/wechseln	sechs/erwachsen	wachsen/Gewächse

Mit ______ Jahren ist man nicht ______.

Olivers Oma ______ in ______ auf.

Kann der schlaue ______ einen Reifen ______?

In Idas Garten ______ Tausende ______.

Kein ______ kann ein ______ zeichnen.

______ bauen ihren Bau nicht aus ______.

Ein ______ kann nicht unter den ______ schwitzen.

Die ______ haben ______ bekommen.

Lange und kurze Vokale

Werden die Vokale lang (—) oder kurz (●) gesprochen?

Glück ●	Gefahr —	nass	während	Teller	Nuss
Beruf	grüßen	voll	Nummer	glühen	Brille
Ruhe	Straße	kühl	Schlüssel	Wecker	Säge
Blick	Gefühl	bloß	schwitzen	Messer	Dreck
Block	Hitze	brav	bestimmt	Quelle	Fluss
Draht	Tasse	Reh	brennen	trocken	Stoff
Lehrer	Naht	hohl	Gewitter	rühren	Vase
Fehler	Bäcker	klar	Schatten	bohren	Stuhl
Strom	fressen	Müll	Nahrung	hoffen	Pass
Löffel	besser	spät	erzählen	drehen	Lohn
Tanne	erleben	glatt	erklären	Donner	Qual
Stamm	fröhlich	süß	bequem	führen	Blitz

Trage die Wörter mit ie in die Lücken ein.

tief	Stiel	frieren	Spiegel	friedlich	verbieten
Ziel	Miete	ziehen	niemals	kriechen	schwierig
Lied	Kiefer	riechen	Beispiel	vielleicht	Spaziergang

kompliziert: ______ ✹ Der Pfeil verfehlt das ______.

Wanderung: ______ ✹ Simon singt ein ______.

Nadelbaum: ______ ✹ krabbeln, robben: ______

frösteln: ______ ✹ auf keinen Fall, nie: ______

Gegenteil von hoch: ______ ✹ untersagen: ______

schleppen, zerren: ______ ✹ gewaltfrei: ______

Bettina betrachtet sich im ______. ✹ Eis am ______

schnüffeln: ______ ✹ möglicherweise: ______

Fiete wohnt zur ______. ✹ Muster, Vorbild: ______

Trage die Wörter mit ie in die Lücken ein.

gießt/biegt	wiegt/verlieren	schief/informiert	Kriegen/geschieht
fließt/tiefer	Lieder/schwieg	Frieden/schließen	skizziert/niemanden

Greta ______ Blumen. Danach ______ sie Drähte gerade.

In ______ ______ viel Leid und Unrecht.

Alle sangen fröhliche ______. Nur Erna ______.

Ein Bild hängt ______! Erni ______ Gert.

Wir alle sollten untereinander ______ ______.

Opa ______ zu viel. Er sollte Gewicht ______.

Der Rhein ______ durch Köln. Er ist ______ als Pfützen.

Der Künstler ______ heute ______.

ie

Schreibe die Reimwörter mit **ie**.

☒ Knie ☒ wie ☒ nie ☒ die ☐ Niete

Knie wie nie die

☐ Stiel ☐ Ziel ☐ Spiel ☐ viel ☐ vielleicht

☐ Brief ☐ tief ☐ schief ☐ es liest ☐ er schlief

☐ Miete ☐ biegen ☐ liegen ☐ fliegen ☐ wiegen

☐ fließen ☒ Riese ☒ Wiese ☒ diese

Riese Wiese diese

☐ Spiegel ☐ Ziegel ☐ Riegel ☐ Beispiel

☐ lieben ☐ Tiefe ☐ sieben ☐ schieben

☐ gießen ☐ fließen ☐ wiegen ☐ schließen

☐ zielen ☐ spielen ☐ wir fielen ☐ spiegeln

☐ frieren ☐ Frieden ☐ verlieren ☐ spazieren

☐ addieren ☐ verbieten ☐ skizzieren ☐ studieren

☐ nummerieren ☐ niemanden ☐ informieren

Silbentrennung

Markiere Trennstellen und schreibe die Wörter getrennt auf.

Tie|fe	biegen	Zwiebel	schwierig
Miete	gießen	niemand	probieren
Stiele	fliegen	spiegeln	schmieren
Wiese	wiegen	kriechen	niemanden
Kiefer	spielen	schieben	informieren
Lieder	riechen	verlieren	subtrahieren
Kriege	Spiegel	verbieten	Schwierigkeit
frieren	niemals	halbieren	buchstabieren

Tie-fe

❗ Das Trennen von Wörtern mit ie sollte mit den Kindern besprochen werden.

Verben

Ordne die Verbformen zu.

liebt	riecht	lag	liebte	geliebt	verboten
liegt	kriecht	fror	schob	gelegen	gewogen
friert	verliert	bog	verlor	gespielt	gerochen
biegt	schiebt	wog	verbot	verloren	gekrochen
wiegt	spiegelt	roch	spielte	gefroren	gespiegelt
spielt	verbietet	kroch	spiegelte	gebogen	geschoben

riechen	biegen	wiegen
es riecht (Gegenwart)	er ____ (Gegenwart)	es ____ (Gegenwart)
es roch (1. Vergangenheit)	er ____ (1. Vergangenheit)	es ____ (1. Vergangenheit)
es hat gerochen (2. Vergangenheit)	er hat ____ (2. Vergangenheit)	es hat ____ (2. Vergangenheit)
lieben	**verlieren**	**schieben**
sie ____ (Gegenwart)	sie ____ (Gegenwart)	er ____ (Gegenwart)
sie ____ (1. Vergangenheit)	sie ____ (1. Vergangenheit)	er ____ (1. Vergangenheit)
sie hat ____ (2. Vergangenheit)	sie hat ____ (2. Vergangenheit)	er hat ____ (2. Vergangenheit)
spielen	**frieren**	**spiegeln**
es ____ (Gegenwart)	es ____ (Gegenwart)	es ____ (Gegenwart)
es ____ (1. Vergangenheit)	es ____ (1. Vergangenheit)	es ____ (1. Vergangenheit)
es hat ____ (2. Vergangenheit)	es hat ____ (2. Vergangenheit)	es hat ____ (2. Vergangenheit)
liegen	**verbieten**	**kriechen**
es ____ (Gegenwart)	er ____ (Gegenwart)	es ____ (Gegenwart)
es ____ (1. Vergangenheit)	er ____ (1. Vergangenheit)	es ____ (1. Vergangenheit)
es hat ____ (2. Vergangenheit)	er hat ____ (2. Vergangenheit)	es ist ____ (2. Vergangenheit)

Verben

Ordne die Verbformen zu.

rät	bleibt	lief	blieb	geraten	geschrien
ruft	schläft	riet	schrie	gerufen	geblieben
hält	schreit	rief	schien	gehalten	geschlafen
läuft	scheint	rieb	schlief	gelaufen	geschienen
reibt	schreibt	hielt	schrieb	gerieben	geschrieben
steigt	schweigt	stieg	schwieg	gestiegen	geschwiegen

raten	reiben	schreiben
sie ______ Gegenwart	es ______ Gegenwart	er ______ Gegenwart
sie ______ 1. Vergangenheit	es ______ 1. Vergangenheit	er ______ 1. Vergangenheit
sie hat ______ 2. Vergangenheit	es hat ______ 2. Vergangenheit	er hat ______ 2. Vergangenheit
laufen	**steigen**	**schlafen**
sie ______ Gegenwart	er ______ Gegenwart	sie ______ Gegenwart
sie ______ 1. Vergangenheit	er ______ 1. Vergangenheit	sie ______ 1. Vergangenheit
sie ist ______ 2. Vergangenheit	er ist ______ 2. Vergangenheit	sie hat ______ 2. Vergangenheit
rufen	**schreien**	**schweigen**
sie ______ Gegenwart	es ______ Gegenwart	er ______ Gegenwart
sie ______ 1. Vergangenheit	es ______ 1. Vergangenheit	er ______ 1. Vergangenheit
sie hat ______ 2. Vergangenheit	es hat ______ 2. Vergangenheit	er hat ______ 2. Vergangenheit
halten	**bleiben**	**scheinen**
es ______ Gegenwart	sie ______ Gegenwart	sie ______ Gegenwart
es ______ 1. Vergangenheit	sie ______ 1. Vergangenheit	sie ______ 1. Vergangenheit
es hat ______ 2. Vergangenheit	sie ist ______ 2. Vergangenheit	sie hat ______ 2. Vergangenheit

Unterstreiche Satzanfänge und Nomen und schreibe richtig.

während des spaziergangs sang oma lieder über die liebe. opa schwieg lieber. 6

zu hohe mieten bringen die mieter in schwierigkeiten. viele müssen umziehen. 5

elf kinder spielen tiere. sieben fliegen wie bienen und vier riechen an zwiebeln. 6

diesen dienstag biegt marie die schiefe kiefer auf der wiese wieder gerade. 5

Sie sang.
Er schwieg.

Marie biegt Kiefern.

Wir ziehen um!

Abschreiben Silbentrennung

Schreibe die Texte auf Seite 68 neben die passenden Bilder.

◯	Gehen Bienen spazieren und wann frieren sie? Diese Fragen interessieren Sophie.	ie
◯	Können Fliegen liegen und wie viel wiegen sie? Diese Fragen interessieren Marie.	ie
◯	Können Ziegen kriechen und wie riechen sie? Diese Fragen interessieren niemanden.	ie
◯	Wir spiegeln Stiele von Blumen und Tiere aus Papier mit einem Spiegel.	ie
◯	Vielleicht geschieht ja ein Wunder und die fiesen Riesen schließen Frieden.	ie
◯	Flüsse fließen niemals in die Höhe. Dies verbieten die Gesetze der Natur.	ie

Markiere Trennstellen und schreibe die Wörter getrennt auf.

friedlich	Frieden	Beispiel	Beispiele
Fließband	fließen	schließlich	schließen
Zielscheibe	zielen	Spaziergang	spazieren

Abschreiben

Schreibe die Texte von Seite 67 neben die passenden Bilder.

Kriechen Ziegen?

Fluss

Wir spiegeln Stiele.

Frieren Bienen?

Marie

Schließt Frieden, Riesen!

Trage die Wörter mit ll in die Lücken ein.

still	Fell	Müll	rollen	Füller	Kontrolle
hell	Ball	billig	Teller	Schall	vollständig
null	Willi	Brille	fallen	schnell	Herstellung

Sehhilfe: ______________ ✹ Gegenteil von langsam: ______________

Spielzeug oder Sportgerät: ______________ ✹ nicht teuer: ______________

Der Jet ist schneller als der ______________. ✹ Zahlwort: ______________

ruhig, leise: ______________ ✹ Anfertigung: ______________

Die Sterne leuchten ______________. ✹ Teil des Geschirrs: ______________

Schreibgerät: ______________ ✹ stürzen, umkippen: ______________

Für Purzelbäume muss man ______________. ✹ Abfall: ______________

behaarte Tierhaut: ______________ ✹ Überprüfung: ______________

Name: ______________ ✹ völlig, komplett: ______________

Trage die Wörter mit ll in die Lücken ein.

stellt/alle	wollen/Füller	Mülleimer/voll	Turnhalle/Bällen
Teller/fällt	will/herstellen	Schall/schneller	Brille/vollständig

Erna ______________ ______________ Wecker im Haus auf Mitternacht.

Viele Kinder ______________ mit einem ______________ schreiben.

Wir werfen in der ______________ mit ______________.

Der ______________ ______________ zu Boden und zerspringt.

Der ______________ in der Küche ist ______________.

Britneys ______________ ist ______________ beschlagen.

Der ______________ ist ______________ als jeder Vogel.

Omi ______________ eine Internetverbindung ______________.

Trage die Wörter mit **mm** in die Lücken ein.

Lamm	immer	Stamm	stimmen	Hammer	Trommel
dumm	stumm	Summe	Hummel	Nummer	bestimmt
Kamm	krumm	Zimmer	Sommer	Pommes	Schlamm

nicht klug: ________ • Erni wählt Gerts ________.

Teil des Baumes: ________ • Jahreszeit: ________

still: ________ • Kai kämmt sich mit einem ________.

Insekt: ________ • Schlaginstrument: ________

Additionsergebnis: ________ • Raum: ________

ständig, jedes Mal: ________ • gebogen: ________

richtig sein: ________ • Werkzeug: ________

junges Schaf: ________ • gewiss, sicher: ________

Matsch: ________ • frittierte Speise: ________

Trage die Wörter mit **mm** in die Lücken ein.

kämmt/Kamm	Zimmer/Nummer	Sommer/schwimmt	Dummheit/schlimme
nimmt/Pommes	Stämme/stammen	nummeriert/Himmel	sammelt/bestimmter

Nina ________ Öl zum Frittieren der ________.

Alle ________ des Hotels haben eine ________.

Im ________ ________ Omi im Freibad.

Die ________ ________ aus dem Stadtwald.

Oma ________ Bilder ________ Künstler.

Manche ________ hat ________ Folgen.

Ina ________ die Wolken am ________.

Ein Hahn ________ sich nicht mit seinem ________.

nn

Trage die Wörter mit nn in die Lücken ein.

Zinn	dann	Tanne	rennen	brennen	beginnen
Kinn	wann	Kanne	können	Sonntag	gewinnen
dünn	Mann	Tennis	Donner	Finnland	Verbrennung

Nadelbaum: ______ ✹ anfangen: ______

Teil des Gesichts: ______ ✹ laufen, eilen: ______

Fragewort: ______ ✹ Tag vor Montag: ______

Gegenteil von dick: ______ ✹ Blitz und ______

danach: ______ ✹ in Flammen stehen: ______

ein Ballspiel: ______ ✹ siegen: ______

eine männliche Person: ______ ✹ Gefäß: ______

fähig sein: ______ ✹ Land: ______

Metall: ______ ✹ Brandwunde: ______

Trage die Wörter mit nn in die Lücken ein.

wann/kennen	gewann/Tanne	rannte/Männern	verbrannte/Pfanne
Mann/dünnen	donnert/Tunnel	Sonne/verbrennen	Donnerstag/begann

Die ______ kann die Haut ______.

Am ______ ______ die Schule.

Die Wurst ______ in der ______.

Anne ______ eine ______ bei einer Tombola.

Rita ______ mit ______ um die Wette.

Seit ______ ______ sich Erni und Gert?

Ronny ist ein ______ mit ______ Beinen.

Der Zug ______ durch einen ______.

Schreibe die Reimwörter mit ll, mm und nn.

☒ kann ☒ wann ☐ wenn ☒ dann ☒ Mann

kann wann dann Mann

☐ fallen ☐ sollen ☐ wollen ☐ rollen ☐ grollen

☐ Zelle ☐ Welle ☐ Stelle ☐ Brille ☐ Quelle

☐ Ball ☐ still ☐ Stall ☐ Knall ☐ Schall

☐ Kanne ☐ Tanne ☐ Wanne ☐ Mann ☐ Pfanne

☐ billig ☐ Rille ☐ Stille ☐ Brille ☐ Grille

☐ voll ☐ Rolle ☐ soll ☐ toll ☐ Zoll

☐ dumm ☐ krumm ☐ stumm ☐ Stamm

☐ Brunnen ☐ drinnen ☐ beginnen ☐ gewinnen

☐ rennen ☐ donnern ☐ kennen ☐ brennen

☐ Kamm ☐ dumm ☐ Stamm ☐ Programm

☐ Hummer ☐ Hummel ☐ Kummer ☐ Nummer

Ordne die Verbformen zu.

stimmt	sammelt	begann	sammelte	erkannt	gewonnen
beginnt	stellt her	gewann	schwamm	gestimmt	hergestellt
erkennt	verbrennt	stimmte	stellte her	verbrannt	gesammelt
donnert	schwimmt	erkannte	verbrannte	begonnen	nummeriert
gewinnt	nummeriert	donnerte	nummerierte	gedonnert	geschwommen

erkennen

er erkennt ____ Gegenwart
er erkannte ____ 1. Vergangenheit
er hat erkannt ____ 2. Vergangenheit

sammeln

er ____ Gegenwart
er ____ 1. Vergangenheit
er hat ____ 2. Vergangenheit

beginnen

es ____ Gegenwart
es ____ 1. Vergangenheit
es hat ____ 2. Vergangenheit

verbrennen

es ____ Gegenwart
es ____ 1. Vergangenheit
es ist ____ 2. Vergangenheit

stimmen

es ____ Gegenwart
es ____ 1. Vergangenheit
es hat ____ 2. Vergangenheit

nummerieren

sie ____ Gegenwart
sie ____ 1. Vergangenheit
sie hat ____ 2. Vergangenheit

gewinnen

sie ____ Gegenwart
sie ____ 1. Vergangenheit
sie hat ____ 2. Vergangenheit

schwimmen

sie ____ Gegenwart
sie ____ 1. Vergangenheit
sie ist ____ 2. Vergangenheit

donnern

es ____ Gegenwart
es ____ 1. Vergangenheit
es hat ____ 2. Vergangenheit

herstellen

er ____ Gegenwart
er ____ 1. Vergangenheit
er hat ____ 2. Vergangenheit

Wortfamilien

Ordne die Wörter zu Wortfamilien.

stellen	Kenntnis	sie rannte	zusammen	Brennnessel
rennen	sammeln	Rennbahn	wegrennen	Verbrennung
kennen	bestellen	sie kannte	Herstellung	Schwimmbad
bekannt	erkennen	Bestellung	schwimmen	sie schwamm
brennen	Bekannte	es brannte	Ausstellung	Versammlung
Rennrad	herstellen	Sammlung	Rennwagen	Schwimmbecken

Wortstamm **STELL**

stellen bestellen

Wortstamm **KENN**

Wortstamm **RENN**

Wortstamm **BRENN**

Wortstamm **SAMMEL**

Wortstamm **SCHWIMM**

Trage die Wörter mit ss in die Lücken ein.

nass	Fluss	Klasse	fressen	messen	Schlüssel
Pass	Tasse	besser	Messer	bisschen	vergessen
Nuss	Kissen	Sessel	Wasser	Russland	Flüssigkeit

Im Schloss steckt der ______________. • Ausweis: ______________

Fieber kann man ______________. • Land: ______________

Frucht mit harter Schale: ______________ • Der Rhein ist ein ______________.

Teil des Essbestecks: ______________ • Trinkgefäß: ______________

etwas, wenig: ______________ • Im Topf kocht das ______________.

Teil des Bettzeugs: ______________ • verschlingen: ______________

Wasser ist eine ______________. • Sitzmöbel: ______________

mehr als gut: ______________ • Pia geht in die vierte ______________.

nicht behalten: ______________ • feucht, triefend: ______________

Trage die Wörter mit ss in die Lücken ein.

isst/frisst	schloss/biss	wusste/Flüsse	Schluss/nass
lässt/Kuss	vergoss/floss	müssen/Pässe	Kompasse/interessante

Mit dem schönen Wetter ist jetzt ______________. Es wird ______________.

Tim ______________ die Augen und ______________ in den saftigen Apfel.

Erna ______________ viel über die ______________ Inn und Elbe.

Mama ______________ Mia nicht ohne einen ______________ aus dem Haus.

Die Passagiere ______________ ihre ______________ zeigen.

______________ sind ______________ Geräte.

Inge ______________ Ingwer und Bello ______________ eine riesige Wurst.

Gero ______________ Soße und diese ______________ über den Tisch.

Trage die Wörter mit **tt** in die Lücken ein.

satt	glatt	bitten	Mutter	Gewitter	schütteln
Fett	Blatt	Mittag	Wetter	Schatten	Spaghetti
Bett	Mitte	Natter	klettern	Mittwoch	Schmetterling

Unwetter: ______ • Wochentag: ______

Nudelsorte: ______ • nicht mehr hungrig: ______

Insekt: ______ • Tageszeit: ______

Wir haben sonniges ______. • Elternteil: ______

durchrütteln: ______ • Teil der Pflanze: ______

Bäume spenden ______. • Schlange: ______

aufsteigen, erklimmen: ______ • Möbelstück: ______

Es riecht nach ranzigem ______. • Zentrum, Inneres: ______

flehen, ersuchen: ______ • rutschig, glitschig: ______

Trage die Wörter mit **tt** in die Lücken ein.

Brett/glatt	Wetter/Bett	Mutter/klettert	Mittag/Gewitter
Butter/Fett	Mittwoch/fett	Mitte/Schatten	schüttelt/Blätter

Lottis ______ ______ sehr gerne auf Bäume.

Am ______ war das Essen in der Schule zu ______.

Der Tischler hobelt ein ______ ______.

Heute ______ gab es ein heftiges ______.

Der fiese Riese ______ ______ vom Baum.

Bei schlechtem ______ liegt Ina am liebsten im ______.

______ enthält sehr viel ______.

In der ______ des Tages ist Heinis ______ kurz.

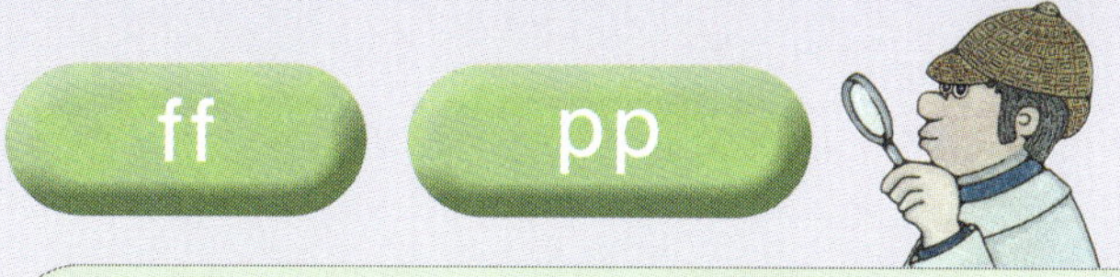

Trage die Wörter mit ff und pp in die Lücken ein.

Affe	offen	Schiff	treffen	Treppe	doppelt
Griff	Neffe	Koffer	Suppe	Grippe	Kartoffel
Stoff	Löffel	hoffen	Puppe	Lippen	Differenz

Pflanze: ______ * männlicher Verwandter: ______

Subtraktionsergebnis: ______ * Säugetier: ______

Nino näht Kleidung aus ______. * Gepäckstück: ______

nicht verschlossen: ______ * flüssige Speise: ______

Kann Kai ins Schwarze ______? * Aufgang: ______

Die Marionette ist eine ______. * Krankheit: ______

Wasserfahrzeug: ______ * erträumen, ersehnen: ______

Die Tür hat einen ______. * Teil des Mundes: ______

Teil des Essbestecks: ______ * zweifach: ______

Trage die Wörter mit ff und pp in die Lücken ein.

Affe/Löffel	Schiff/hoffen	Neffen/treffen	Treppe/Lappen
schafft/Stoff	getroffen/trifft	Puppe/Grippe	hoffentlich/offen

Tante Tina möchte gerne ihre 84 ______ ______.

Eine ______ kann keine fiebrige ______ haben.

Toni hat ins Tor ______. Toni ______ nicht oft.

Wir fahren mit dem ______ und ______ auf gutes Wetter.

Sven säubert die ______ mit einem ______.

Der Künstler ______ Kunstwerke aus Ton und ______.

Erni lässt ______ nicht die Haustür ______.

Kann ein ______ Suppe mit einem ______ essen?

Schreibe die Reimwörter mit **ff**, **pp**, **ss** und **tt**.

☒ Tasse	☒ Kasse	☒ Masse	☒ Klasse	☐ besser
Tasse	Kasse	Masse	Klasse	
☐ satt	☐ platt	☐ fett	☐ glatt	☐ Blatt
☐ Suppe	☐ Grippe	☐ Puppe	☐ Gruppe	☐ Schuppe
☐ Kuss	☐ Nuss	☐ muss	☐ Pass	☐ Fluss
☐ Pass	☐ nass	☐ Boss	☐ Fass	☐ Bass
☐ Blatt	☐ Bett	☐ fett	☐ nett	☐ Brett
☐ passen	☐ wissen	☐ lassen	☐ fassen	☐ hassen
☐ bitter	☐ Wetter	☐ Gitter	☐ Ritter	☐ Gewitter

☐ messen	☐ wissen	☐ fressen	☐ vergessen
☐ schaffen	☐ offen	☐ hoffen	☐ getroffen
☐ bisschen	☐ Rüssel	☐ Schüssel	☐ Schlüssel
☐ er frisst	☐ er misst	☐ er lässt	☐ er vergisst

Ordne die Verbformen zu.

isst	bittet	aß	hoffte	gehofft	gelassen
trifft	misst	bat	passte	gepasst	geklettert
hofft	muss	traf	vergaß	gebeten	gegessen
weiß	passt	ließ	wusste	gewusst	gefressen
lässt	klettert	fraß	musste	gemusst	gemessen
frisst	vergisst	maß	kletterte	getroffen	vergessen

bitten	treffen	messen
sie bittet (Gegenwart)	er ____ (Gegenwart)	er ____ (Gegenwart)
sie bat (1. Vergangenheit)	er ____ (1. Vergangenheit)	er ____ (1. Vergangenheit)
sie hat gebeten (2. Vergangenheit)	er hat ____ (2. Vergangenheit)	er hat ____ (2. Vergangenheit)
hoffen	**müssen**	**fressen**
sie ____ (Gegenwart)	es ____ (Gegenwart)	es ____ (Gegenwart)
sie ____ (1. Vergangenheit)	es ____ (1. Vergangenheit)	es ____ (1. Vergangenheit)
sie hat ____ (2. Vergangenheit)	es hat ____ (2. Vergangenheit)	es hat ____ (2. Vergangenheit)
wissen	**lassen**	**essen**
er ____ (Gegenwart)	es ____ (Gegenwart)	sie ____ (Gegenwart)
er ____ (1. Vergangenheit)	es ____ (1. Vergangenheit)	sie ____ (1. Vergangenheit)
er hat ____ (2. Vergangenheit)	es hat ____ (2. Vergangenheit)	sie hat ____ (2. Vergangenheit)
passen	**klettern**	**vergessen**
es ____ (Gegenwart)	er ____ (Gegenwart)	er ____ (Gegenwart)
es ____ (1. Vergangenheit)	er ____ (1. Vergangenheit)	er ____ (1. Vergangenheit)
es hat ____ (2. Vergangenheit)	er ist ____ (2. Vergangenheit)	er hat ____ (2. Vergangenheit)

Wortfamilien

Ordne die Wörter zu Wortfamilien.

Fluss	Einfluss	Interesse	aufpassen	ausmessen
hoffen	passend	Flussbett	hoffentlich	sie vergisst
flüssig	es passt	Überfluss	Flüssigkeit	interessieren
gehofft	es hoffte	unverhofft	unpassend	Durchmesser
passen	sie misst	vergessen	interessant	unvergesslich
messen	Hoffnung	verpassen	interessiert	Vergesslichkeit

Wortstamm **PASS**

aufpassen passend

Wortstamm **HOFF**

Wortstamm **FLUSS**

Wortstamm **MESS**

Wortstamm **VERGESS**

Wortstamm **INTERESS**

bb dd gg rr

Trage die Wörter mit bb, dd, gg und rr in die Lücken ein.

Herr	Dürre	Dogge	Flagge	Gitarre	knurren
Ebbe	Teddy	Robbe	Paddel	Krabbe	Roggen
schnurren	Hobby	Barren	Bagger	Widder	Pudding

Der Magen kann ______. ✱ Fahne: ______

Häkeln ist Hannelores ______. ✱ Getreideart: ______

Katzen können ______. ✱ Haushund: ______

große Baumaschine: ______ ✱ Turngerät: ______

Spielzeugbär: ______ ✱ extreme Trockenheit: ______

Der Flut folgt die ______. ✱ Süßspeise: ______

Pia paddelt mit dem ______. ✱ Krebstier: ______

im Wasser lebendes Säugetier: ______ ✱ Mann: ______

Musikinstrument: ______ ✱ Schafbock: ______

Trage die Wörter mit bb, dd, gg und rr in die Lücken ein.

Herr/Barren	Ebbe/Krabben	Roggen/Flagge	Teddys/Pudding
Gitarre/knurrt	starrt/Geschirr	Dogge/Baggers	Robben/Hobby

Ein älterer ______ turnt eine Übung am ______.

Lea spielt ______ und ihr Hund ______ dazu.

Hugo füttert gerne ______. Das ist sein ______.

Die ______ beschnüffelt die Schaufel des ______.

Neben dem Feld mit ______ weht eine ______.

Ulf ______ entgeistert auf das schmutzige ______.

Man sollte ______ nicht mit ______ füttern.

Bei ______ kann man ______ krabbeln sehen.

Silbentrennung

Markiere Trennstellen und schreibe die Wörter getrennt auf.

of|fen	kennen	Messer	brummen
füttern	Quelle	fressen	Schlüssel
Brille	treffen	klettern	herstellen
Teller	besser	kämmen	hoffentlich
Löffel	rennen	Gewitter	Flüssigkeit
Tasse	dünner	schaffen	verbrennen
Tanne	loslassen	Schatten	schwimmen
Nässe	Nachmittag	passieren	nummerieren

of-fen

❗ Das Trennen von Wörtern mit doppeltem Konsonanten sollte mit den Kindern besprochen werden.

Schreibe die Texte auf Seite 84 neben die passenden Bilder.

◯	Björns Boss goss eine Flüssigkeit über seinen Pass. Jetzt ist der Pass nass.	ss
◯	Mit geschlossenen Augen schloss Larissa das Schloss mit einem Schlüssel auf.	ss
◯	Isst man Haselnüsse mit Messer und Gabel? Melissa würde das gerne wissen.	ss
◯	Bei Nässe frisst der Hund der Prinzessin nur ein bisschen aus der Schüssel.	ss
◯	Der Otter ist sehr fett. Sein Schatten ist riesengroß und er kann nicht klettern.	tt
◯	Am Vormittag schüttelt Ottos netter Vetter stets glatt rasiert die Betten aus.	tt

Markiere Trennstellen und schreibe die Wörter getrennt auf.

Beginn	beginnen	Gewinn	gewinnen
Programm	Programme	Kompass	Kompasse
Haselnuss	Haselnüsse	Reisepass	Reisepässe

Abschreiben

Schreibe die Texte von Seite 83 neben die passenden Bilder.

Vetter

Der
Pass
ist nass.

Der
Otter
ist fett.

Unterstreiche Satzanfänge und Nomen und schreibe richtig.

◯	die affen bewerfen die giraffen mit kartoffeln. hoffentlich treffen sie sie nicht.	5
◯	die künstlerin stellt ihre brillengestelle vollständig aus müll und fellen her.	5
◯	kann man dummheiten sammeln? wie groß wäre dann wohl jimmys sammlung?	5
◯	der donnerstag hat mit blitz und donner begonnen. der sonntag davor war sonnig.	6

Jimmy

Brillen aus Müll

Trage die Wörter mit ck in die Lücken ein.

dick	Reck	Jacke	Decke	Bäcker	drücken
Ecke	Block	Glück	zurück	trocken	Päckchen
Blick	Stück	Dreck	Brücke	Wecker	entdecken

Uhr zum Wecken: ______ • nicht nass: ______

Über den Fluss führt die ______. • Beruf: ______

Bei Alarm Knopf ______! • *1* Paar = *2* ______

kleines Paket: ______ • Schmutz: ______

Lea zeichnet in ihrem ______. • Gegenteil von dünn: ______

aufspüren, finden: ______ • Turngerät: ______

Ich wünsche dir viel ______. • Kleidungsstück: ______

rückwärts: ______ • Die Fußballerin tritt eine ______.

Teil des Bettzeugs: ______ • kurzes Hinschauen: ______

Trage die Wörter mit ck in die Lücken ein.

Glück/Jacke	pflücken/leckere	dicke/entwickelt	schmeckt/schrecklich
Deckel/knackt	Schreck/dreckig	erschrickt/Wecker	Verpackung/verpacken

Hanni und Sanni ______ ______ Äpfel.

Pudding mit Salz ______ ______.

Es ist kalt. Zum ______ trägt Jana eine warme ______.

Ach du ______! Der Rock ist ja ganz ______!

Die ______ Larve ______ sich zur Fliege.

Theo ______, weil der ______ zu laut klingelt.

Der ______ des Gurkenglases ______ beim Öffnen.

Jede ______ lässt sich ______.

Wortfamilien

Ordne die Wörter zu Wortfamilien.

Blick	blicken	geblickt	Bäckerei	gebacken	verpacken
Druck	backen	drücken	Ausblick	Überblick	aufwecken
Decke	wecken	drucken	Bäckerin	Päckchen	aufgeweckt
Deckel	Wecker	Einblick	gedruckt	verdecken	Verpackung
Bäcker	Gebäck	geweckt	es weckt	entdecken	Entdeckung
packen	Gepäck	Packung	Eindruck	aufdecken	Druckschrift

Wortstamm **BACK**

Wortstamm **PACK**

Wortstamm **DECK**

Wortstamm **WECK**

Wortstamm **BLICK**

Wortstamm **DRUCK**

Trage die Wörter mit **tz** in die Lücken ein.

Blitz	Hitze	Katze	Pfütze	zuletzt	kratzen
Satz	Platz	sitzen	nützen	Schutz	Schmutz
spitz	Spatz	Mütze	putzen	Gesetz	Verletzung

am Ende: ______ ✱ Lea schreibt einen langen ______.

Alle sitzen auf ihrem ______. ✱ Kleidungsstück: ______

hohe Lufttemperatur: ______ ✱ Der Donner folgt dem ______.

Er blieb auf dem Stuhl ______. ✱ Vorschrift: ______

säubern, wischen: ______ ✱ Wasserlache: ______

Verwundung: ______ ✱ Dreck: ______

ritzen, schrammen: ______ ✱ Säugetier: ______

einen Nutzen bringen: ______ ✱ Singvogel: ______

Die Flüchtlinge suchen ______. ✱ Nadeln sind ______.

Trage die Wörter mit **tz** in die Lücken ein.

Hitze/Mütze	letzte/setzen	Spitze/verletzt	Blitzen/schützen
sitzt/schwitzt	geputzte/blitzt	spitzen/kratzen	putzt/verschmutzte

Finn ______ in der finnischen Sauna und ______.

Blitzableiter können uns vor ______ ______.

Der Läufer an der ______ hat sich leider ______.

Der ______ Läufer ist müde und muss sich ______.

Paula ______ ihre ______ Brille.

Paulas ______ Brille ______ vor Sauberkeit.

Katzen können mit ______ Krallen ______.

Bei ______ sollte man keine warme ______ tragen.

Wortfamilien

Ordne die Wörter zu Wortfamilien.

Blitz	setzen	spitzen	nützlich	absetzen	anspitzen
Putz	blitzen	gesetzt	es blitzt	benutzen	Putzmittel
spitz	nutzen	geblitzt	Schütze	abputzen	gesetzlich
putzig	putzen	besetzt	Nutzung	schutzlos	spitzfindig
Spitze	Schutz	geputzt	Blitzlicht	Anspitzer	beschützen
nützen	Gesetz	nutzbar	schützen	geschützt	blitzschnell

Wortstamm **SETZ**

Wortstamm **PUTZ**

Wortstamm **NÜTZ**

Wortstamm **BLITZ**

Wortstamm **SPITZ**

Wortstamm **SCHUTZ**

ck tz

Schreibe die Reimwörter mit **ck** und **tz**.

☐ Reck ☐ Blick ☐ Fleck ☐ Dreck ☐ Schreck

☐ Brücke ☐ Ecke ☐ Decke ☐ Hecke ☐ Zecke

☐ Lücke ☐ Mücke ☐ Brücke ☐ Decke ☐ Stücke

☐ Rock ☐ Block ☐ Druck ☐ Stock ☐ Schock

☐ backen ☐ hacken ☐ packen ☐ blicken

☐ entwickeln ☐ wecken ☐ entdecken ☐ erschrecken

☐ spitz ☐ Sitz ☐ Schutz ☐ Witz ☐ Blitz

☐ Hitze ☐ Blitze ☐ Spitze ☐ Katze ☐ Spritze

☐ sitzen ☐ blitzen ☐ setzen ☐ schwitzen

☐ setzen ☐ hetzen ☐ verletzen ☐ kratzen

☐ putzen ☐ Mützen ☐ nützen ☐ schützen

☐ Benutzung ☐ Verletzung ☐ Verschmutzung

Silbentrennung

Markiere Trennstellen und schreibe die Wörter getrennt auf.

De|cke	trocken	Hit|ze	blitzen
Bäcker	drücken	Katze	kratzen
Zucker	verpacken	Mütze	schützen
Brücke	entdecken	sitzen	verletzen
packen	aufwecken	Spitze	schwitzen
gucken	entwickeln	setzen	schmutzig
Rücken	schmecken	nützen	Verletzung
dreckig	erschrecken	putzen	verschmutzen

De-cke

Hit-ze

! Das Trennen von Wörtern mit ck und tz sollte mit den Kindern besprochen werden.

Unterstreiche Satzanfänge und Nomen und schreibe richtig.

lutz springt oft in pfützen. mützen und schutzanzüge schützen lutz vor schmutz. 6

fritz schwitzt. bei der hitze würde er jetzt gerne auf der spitze eines eisbergs sitzen. 5

viele gesetze regeln den schutz der natur, aber leider werden sie sehr häufig verletzt. 4

alle menschen sollten ein zeichen gegen die verschmutzung der umwelt setzen. 5

Spitze

Wir setzen Zeichen.

Pfütze

Gesetze §

Abschreiben | Silbentrennung

Schreibe die Texte auf Seite 94 neben die passenden Bilder.

◯	Der kleine Muck blickt auf ein langes Leben in Pantoffeln und mit Stock zurück. ck
◯	Zucker sorgt häufig für dicke Backen und außerdem für schreckliche Zahnschmerzen. ck
◯	Nick entwickelt Wecker. Seine Wecker sollen wecken und uns nicht erschrecken. ck
◯	Bäcker und andere Frühaufsteher sind sehr glücklich über Nicks Entwicklungen. ck
◯	Micky verpackt dreckige Blöcke und fleckige Decken in eckige Verpackungen. ck
◯	Zum Glück fiel das staubtrockene Stück Gebäck nicht von der Brücke in den Dreck. ck

Markiere Trennstellen und schreibe die Wörter getrennt auf.

Sät|ze	di|cker	Stücke	Anspitzer
Blitze	Plätze	Röcke	Verpackung
Blicke	Blöcke	Gesetze	Verschmutzung

Sät-ze

di-cker

Abschreiben

Schreibe die Texte von Seite *93* neben die passenden Bilder.

Aua!

Mickys Pakete

Mucks Stock

Glück gehabt!

Bäcker mögen Nick.

Silben trennendes h

Markiere Trennstellen und schreibe die Wörter getrennt auf.

se|hen	Zehen	muhen	fliehen
Kühe	gehen	mähen	Schuhe
Rehe	nähen	stehen	unruhig
Ruhe	froher	glühen	sprühen
Nähe	früher	blühen	verstehen
ruhen	flehen	krähen	fernsehen
Flöhe	wehen	drehen	Fernseher
näher	ziehen	drohen	geschehen

se-hen

! Das Trennen von Wörtern mit Silben trennendem h sollte mit den Kindern besprochen werden.

Verben

Ordne die Verbformen zu.

geht	steht	zog	blühte	genäht	gezogen
näht	blüht	sah	glühte	geweht	gesehen
weht	dreht	ging	drehte	geblüht	gegangen
zieht	droht	stand	drohte	geglüht	gestanden
sieht	sieht fern	nähte	sah fern	gedreht	geschehen
glüht	geschieht	wehte	geschah	gedroht	ferngesehen

drohen	sehen	stehen
es ____ Gegenwart	er ____ Gegenwart	sie ____ Gegenwart
es ____ 1. Vergangenheit	er ____ 1. Vergangenheit	sie ____ 1. Vergangenheit
es hat ____ 2. Vergangenheit	er hat ____ 2. Vergangenheit	sie hat ____ 2. Vergangenheit
wehen	**glühen**	**gehen**
es ____ Gegenwart	es ____ Gegenwart	sie ____ Gegenwart
es ____ 1. Vergangenheit	es ____ 1. Vergangenheit	sie ____ 1. Vergangenheit
es hat ____ 2. Vergangenheit	es hat ____ 2. Vergangenheit	sie ist ____ 2. Vergangenheit
blühen	**drehen**	**fernsehen**
er ____ Gegenwart	sie ____ Gegenwart	es ____ Gegenwart
er ____ 1. Vergangenheit	sie ____ 1. Vergangenheit	es ____ 1. Vergangenheit
er hat ____ 2. Vergangenheit	sie hat ____ 2. Vergangenheit	es hat ____ 2. Vergangenheit
nähen	**ziehen**	**geschehen**
er ____ Gegenwart	er ____ Gegenwart	es ____ Gegenwart
er ____ 1. Vergangenheit	er ____ 1. Vergangenheit	es ____ 1. Vergangenheit
er hat ____ 2. Vergangenheit	er hat ____ 2. Vergangenheit	es ist ____ 2. Vergangenheit

Wortfamilien

Ordne die Wörter zu Wortfamilien.

nah	sehen	fröhlich	verglüht	anziehen	verglühen
früh	früher	geglüht	sie sieht	frühzeitig	fernsehen
froh	nahen	es zieht	gesehen	annähern	Frühstück
frohe	ziehen	glühend	Frühjahr	aussehen	Fernseher
Nähe	glühen	es glüht	Frohsinn	umziehen	Beziehung
näher	nähern	Frühling	erziehen	frohsinnig	Fröhlichkeit

Wortstamm **SEH**

Wortstamm **NAH**

Wortstamm **ZIEH**

Wortstamm **GLÜH**

Wortstamm **FROH**

Wortstamm **FRÜH**

Merkwörter mit ß

Schreibe die Merkwörter mit ß.

süß	heiß	Spaß	fleißig	gießen	grüßen
Fuß	groß	außen	reißen	beißen	schließen
bloß	weiß	Strauß	Straße	fließen	schließlich

auf der Außenseite: ______ • Verkehrsweg: ______

Ben bindet Blumen zu einem ______. • Körperteil: ______

sehr warm: ______ • Mia muss die Blumen ______.

Eine Tür lässt sich ______. • Scherz: ______

tüchtig, emsig: ______ • Fäden können ______.

Farbe des Schnees: ______ • Süßigkeiten sind ______.

Flöhe können ______. • Gegenteil von klein: ______

Flüsse ______. • Guten Tag sagen: ______

zum Schluss, endlich: ______ • nur: ______

Trage die Merkwörter mit ß in die Lücken ein.

gießt/Fuß	Straße/maß	großen/Spaß	Sträuße/weiße
reißt/fleißig	vergaß/bloß	draußen/heiß	fraß/Süßigkeiten

In der Vase stehen mehrere ______ ______ Rosen.

Die ______ ______ *10,50* m in der Breite.

Fußball zu spielen macht Mia ______ ______.

Ronny ______ ______ Unkraut aus.

Im Juli ist es ______ manchmal sehr ______.

Gisela ______ sich aus Versehen Soße über den ______.

Jule ______ ______ einmal ihre Hausaufgaben.

Ernis Hund ______ Gerts ______ auf.

Ordne die Verbformen zu.

süßt	fließt	riss	süßte	gesüßt	geflossen
reißt	grüßt	biss	grüßte	gegrüßt	gegossen
heißt	schießt	hieß	schoss	gerissen	genossen
stößt	genießt	goss	genoss	gebissen	vergrößert
gießt	schließt	stieß	schloss	gestoßen	geschossen
beißt	vergrößert	floss	vergrößerte	geheißen	geschlossen

beißen	gießen	schießen
er ____ Gegenwart	es ____ Gegenwart	es ____ Gegenwart
er ____ 1. Vergangenheit	es ____ 1. Vergangenheit	es ____ 1. Vergangenheit
er hat ____ 2. Vergangenheit	es hat ____ 2. Vergangenheit	es hat ____ 2. Vergangenheit
süßen	**stoßen**	**schließen**
sie ____ Gegenwart	es ____ Gegenwart	es ____ Gegenwart
sie ____ 1. Vergangenheit	es ____ 1. Vergangenheit	es ____ 1. Vergangenheit
sie hat ____ 2. Vergangenheit	es hat ____ 2. Vergangenheit	es hat ____ 2. Vergangenheit
reißen	**heißen**	**genießen**
er ____ Gegenwart	er ____ Gegenwart	sie ____ Gegenwart
er ____ 1. Vergangenheit	er ____ 1. Vergangenheit	sie ____ 1. Vergangenheit
er hat ____ 2. Vergangenheit	er hat ____ 2. Vergangenheit	sie hat ____ 2. Vergangenheit
grüßen	**fließen**	**vergrößern**
sie ____ Gegenwart	es ____ Gegenwart	er ____ Gegenwart
sie ____ 1. Vergangenheit	es ____ 1. Vergangenheit	er ____ 1. Vergangenheit
sie hat ____ 2. Vergangenheit	es ist ____ 2. Vergangenheit	er hat ____ 2. Vergangenheit

Wortfamilien

Ordne die Wörter zu Wortfamilien.

süß	mäßig	süßlich	sie maß	Späßchen	Spaßvogel
Fuß	Grüße	spaßen	Maßstab	Fußboden	Fußgänger
Maß	Späße	maßlos	Süßigkeit	zuckersüß	Begrüßung
Gruß	barfuß	Fußball	schließen	schließlich	beschließen
Spaß	spaßig	messen	Fußballer	Süßspeise	abschließen
süßen	grüßen	gegrüßt	begrüßen	es schloss	verschließen

Wortstamm **Fuß/fuß**

Wortstamm **Süß/süß**

Wortstamm **Maß/maß**

Wortstamm **Spaß/spaß**

Wortstamm **Grüß/grüß**

Wortstamm **Schließ/schließ**

Merkwörter mit aa, ee und oo

Schreibe die Merkwörter mit aa, ee und oo.

Aal	Fee	doof	Boot	Moos	Schnee
Tee	Zoo	Saal	Meer	Haare	ein paar
See	leer	Beet	Staat	Waage	Erdbeere

Der Indische Ozean ist ein großes ______. • Getränk: ______

Ulf wiegt sich häufig mit der ______. • Tierpark: ______

wenige, nicht viele: ______ • Märchenwesen: ______

größerer Raum, Halle: ______ • dümmlich, dämlich: ______

kleines Wasserfahrzeug: ______ • Belgien ist ein ______.

Gegenteil von voll: ______ • rote Frucht: ______

Karlotta kämmt ihre ______. • Der Bodensee ist ein ______.

Der Baumstamm ist bewachsen mit ______. • Fisch: ______

Draußen liegen *10* cm ______. • Jana jätet ein ______.

Trage die Merkwörter mit aa, ee und oo in die Lücken ein.

Zoo/Tee	Klee/Fee	Haaren/Boot	Erdbeeren/Idee
See/leer	Beet/Moos	Staaten/Meer	ein paar/Schnee

Gestern fielen ______ Zentimeter ______.

Nicht alle ______ Europas liegen am ______.

Beate bepflanzt ein ______ im Garten mit ______.

Die Schimpansen im ______ trinken täglich eine Tasse ______.

Der durstige Riese trinkt einen ganzen ______ ______.

Im ______ sitzt eine kleine ______ und zaubert allerlei.

Männer mit langen roten ______ rudern ein ______.

______ mit Senf. Ist das eine gute ______?

Merkwörter mit ä

Schreibe die Merkwörter mit ä.

Bär	Käse	Lärm	Säbel	gähnen	Känguru
spät	Käfig	Käfer	schräg	Kapitän	Märchen
März	Säge	Träne	krähen	Schädel	Mädchen

„Hänsel und Gretel“ ist ein ______________ .
Ulf muss vor Müdigkeit ______________ .
Hähne können sehr laut ______________ .
Der Vogel sitzt in seinem ______________ .
Skelett des Kopfes: ______________
kein Junge: ______________
Schiffsführer: ______________
Beuteltier: ______________
schief, geneigt, quer: ______________

- Monat: ______________
- Krach: ______________
- Insekt: ______________
- Werkzeug: ______________
- Milchprodukt: ______________
- Wim weint eine ______________ .
- Gegenteil von früh: ______________
- stämmiges Raubtier: ______________
- Fechtwaffe: ______________

Trage die Merkwörter mit ä in die Lücken ein.

spät/Käse	Käfige/Säge	gähnt/während	Mädchen/Tränen
Käfer/Lärm	Bären/ähnlich	März/verspätet	Känguru/ungefähr

Erni kam im ______________ elfmal ______________ zur Schule.
Erna ______________ ______________ des Unterrichts.
Das ______________ weinte bittere ______________ .
Ein krabbelnder ______________ macht keinen ______________ .
______________ sehen Hühnern gar nicht ______________ .
Das ______________ misst ______________ 1,70 m.
Frieda zersägt gerne ______________ mit einer ______________ .
Pia isst ______________ am Abend noch ein Brot mit ______________ .

Merkwörter mit langem I/i

Schreibe die Merkwörter mit langem I/i.

Igel	Biber	Ruine	Termin	Gardine	Apfelsine
Kino	Berlin	Kamin	Lawine	Krokodil	Maschine
Tiger	Musik	Benzin	Medizin	Vitamine	Kilogramm

1000 Gramm = *1* ______________ ✹ Stadt: ______________

stacheliges Säugetier: ______________ ✹ Kim komponiert ______________.

Der Film lief im ______________. ✹ Zitrusfrucht: ______________

Reptil: ______________ ✹ zerfallenes Bauwerk: ______________

Obst enthält ______________. ✹ Feuerstelle: ______________

Fenstervorhang: ______________ ✹ Arznei: ______________

technisches Gerät: ______________ ✹ Nagetier: ______________

Naturkatastrophe: ______________ ✹ Treibstoff: ______________

festgelegter Zeitpunkt: ______________ ✹ Raubkatze: ______________

Trage die Merkwörter mit langem I/i in die Lücken ein.

Igel/Klima	Kino/Biber	Sabine/Praline	Tiger/Kilogramm
Iglu/Musik	Termin/Berlin	Medizin/Vitamin	Maschine/Ventile

Der ______________ wog *190* ______________.

Hannah hat um *7.00* Uhr einen ______________ in ______________.

Die Ärztin verordnet ______________ und ______________ D.

Im ______________ läuft ein Film über einen nagenden ______________.

Der Winterschlaf der ______________ ist abhängig vom ______________.

Die ______________ produziert ______________ für Fahrräder.

Die kleine ______________ nascht eine ______________.

Ulf baut ein ______________ aus Schnee und hört dabei ______________.

Merkwörter aus anderen Sprachen

Schreibe die Merkwörter aus anderen Sprachen.

Hai	Pony	Jeans	Inliner	negativ	Recycling
Mai	Team	Clown	Rezept	Theater	Computer
Cent	Toast	T-Shirt	Trainer	Jogging	Thermometer

kurzärmeliges Kleidungsstück: ______ Raubfisch: ______

Kochanleitung: ______ Dauerlauf: ______

geröstetes Weißbrot: ______ Spaßmacher: ______

Schauspielhaus: ______ Mannschaft: ______

Sportlehrer, Coach: ______ *1* Euro = *100* ______

Rollschuhe: ______ PC: ______

Gegenteil von positiv: ______ Kleinpferd: ______

Wiederverwertung: ______ Hose: ______

Messgerät: ______ Monat: ______

Trage die Merkwörter aus anderen Sprachen in die Lücken ein.

Pizza/Jeans	skizziert/Baby	Chefin/Interview	Spaghetti/Ketchup
Clown/Pony	Theater/Handy	E-Mails/Computer	Recycling/Container

______ sind Nudeln und ______ ist rot.

Im ______ sollte man das ______ ausschalten.

Der ______ reitet auf einem ______ durch die Manege.

Die ______ der Firma gibt ein ______.

Oma schreibt ______ mit dem ______.

Die ______ fällt auf Ernis frisch gewaschene ______.

Der Maler ______ das ______ und malt es dann.

Der ______-______ ist voll Glas.

Merkwörter aus anderen Sprachen

Schreibe die Merkwörter aus anderen Sprachen.

fair	Keks	clever	E-Mail	Internet	Container
City	Baby	Handy	Division	Addition	Subtraktion
Chor	Show	Skizze	Strophe	Ketchup	Multiplikation

Das Gedicht hat nur eine ______________. ● Gebäck: ______________

Tomatensoße: ______________ ● Schau, Vorführung: ______________

Transportbehälter: ______________ ● Säugling: ______________

Gert singt in einem ______________. ● Mobiltelefon: ______________

Svetlana surft im ______________. ● Innenstadt: ______________

1 + 1 = 2 ______________ ● elektronische Post: ______________

1 - 1 = 0 ______________ ● Zeichnung: ______________

1 · 1 = 1 ______________ ● gerecht: ______________

1 : 1 = 1 ______________ ● schlau, trickreich: ______________

Trage die Merkwörter aus anderen Sprachen in die Lücken ein.

Hai/Cent	Thermometer	Trainerin/faires	Apotheken/Gyros
surft/Internet	Team/T-Shirts	Mai/Mathematik	Toasts/Mayonnaise

Die ______________ wünscht sich ein ______________ Spiel.

Am 1. ______________ fällt nicht nur ______________ aus.

Oma sitzt am PC und ______________ im ______________.

Der ______________ hatte Plastikmüll und 70 ______________ in seinem Magen.

Das ______________ trägt rosa Hosen und rote ______________.

Ein ______________ ist ein Temperaturmessgerät.

______________ verkaufen kein ______________.

Arne isst ______________ mit Aal und ______________.

Merkwörter mit Dehnungs-h

Schreibe die Merkwörter mit **Dehnungs-h**.

Uhr	Lohn	Stuhl	zählen	Fehler	Führung
hohl	Bahn	Draht	ehrlich	Gefühl	Nahrung
Zahl	Wahl	Fahne	bohren	ähnlich	Wohnung

leer, ausgehöhlt: ______ • Sie lügt nicht. Sie ist ______.

Essen und Trinken: ______ • Sitzmöbel: ______

Wim will in der Nase ______. • Es ist *14.30* ______.

Das Team geht mit *1:0* in ______. • Zug: ______

In dem Text sind *0* ______. • Angst ist ein ______.

Wer kann bis hundert ______? • Abstimmung: ______

Ole vermietet eine ______. • Flagge: ______

eine Schnur aus Metall: ______ • Neun ist eine ______.

Die Brüder sehen sich ______. • Bezahlung: ______

Trage die Merkwörter mit **Dehnungs-h** in die Lücken ein.

fühlt/wohl	Gefahr/führt	Uhr/umkehren	kühlen/während
rührt/Sahne	mehr/Drähten	Lehrer/erzählt	Hühner/ungefähr

______ ______ bei Fluchttieren zur Flucht.

Die ______ legten ______ *800* Eier.

Das Drahtseil besteht aus ______ als *100* ______.

Kühlschränke ______ auch ______ der Nacht.

Pia ______ einen Becher ______ unter die Suppe.

Der ______ ______ der Klasse täglich einen Witz.

Um *16.00* ______ mussten wir leider ______.

Heute ______ Nele sich wieder sehr ______.

Merkwörter mit Dehnungs-h

Schreibe die Merkwörter mit **Dehnungs-h**.

Ohr	Jahr	Mehl	fahren	Zähne	Lehrerin
kühl	zehn	mehr	Sahne	Bohrer	gefährlich
sehr	Sohn	Höhle	Bohne	Vorfahrt	Erzählung

Beruf: ______ ✱ männlicher Nachkomme: ______

Opa ist kein Kind ______. ✱ Pflanze, Gemüse: ______

gemahlenes Getreide: ______ ✱ Pit putzt sich die ______.

Kai lernt Fahrrad ______. ✱ *365* Tage sind ein ______.

Rauchen ist ______. ✱ Werkzeug: ______

ein wenig kalt: ______ ✱ Teil der Milch, Rahm: ______

Die Autofahrerin hat ______. ✱ Gehörorgan: ______

Der Bär schläft in einer ______. ✱ Ich danke euch ______!

Ein Märchen ist eine ______. ✱ *10*: ______

Trage die Merkwörter mit **Dehnungs-h** in die Lücken ein.

fährt/Bahn	bohrt/Bohrer	nehmen/Stuhl	ohne/fehlerfrei
hohle/Zahn	wählt/Bohnen	ernähren/sehr	ehrliche/belohnt

Erna und Erni ______ sich ______ gesund.

Ein Text ______ Fehler ist ______.

Der ______ Finder wurde mit *2* Cent ______.

Freddy ______ mit der ______ von Bonn nach Berlin.

Benita ______ mit einem ______ Löcher in die Wand.

Alle ______ sich einen ______ und setzen sich.

Der ______ ______ muss leider gezogen werden.

Als Hauptspeise ______ Opa Fisch mit ______.

Wortfamilien

Ordne die Wörter zu Wortfamilien.

kühl	Fühler	geführt	lohnend	belohnen	gefahrvoll
Lohn	kühlen	fühlbar	Führung	gefahrlos	gefährden
fehlen	Gefühl	gekühlt	Führerin	fehlerhaft	auskühlen
fühlen	gefehlt	führend	Anführer	gefährlich	Abkühlung
führen	Gefahr	gelohnt	fehlerfrei	abgekühlt	Belohnung
Fehler	gefühlt	belohnt	verfehlen	gefühlvoll	Gefährdung

Wortstamm **FÜHL**

Wortstamm **FEHL**

Wortstamm **KÜHL**

Wortstamm **FÜHR**

Wortstamm **LOHN**

Wortstamm **GEFAHR**

Silbentrennung

Markiere Trennstellen und schreibe die Wörter getrennt auf.

oh|ne	rühren	Bahnen	ernähren
Höhle	Stühle	wohnen	bezahlen
Löhne	Fehler	nehmen	Wohnung
Zähne	zählen	Führung	belohnen
fühlen	kühlen	Lehrerin	fehlerfrei
Söhne	Drähte	Nahrung	umkehren
fahren	bohren	während	fehlerhaft
führen	wählen	erzählen	Erzählung

oh-ne

! Das Trennen von Wörtern mit Dehnungs-h sollte mit den Kindern besprochen werden.

Wörtliche Rede

Setze die fehlenden Satzzeichen (: „ . “) ein und schreibe richtig.

Mia murmelt: „Wir könnten Füchse oder Rehe skizzieren."
Maik meint Ich kann nur Fichten und Tannen zeichnen
Pippi sagt voraus Zukünftig werde ich eckige Brillen tragen
Opa schwärmt Pilze mit süßen Klößen schmecken lecker
Elias stöhnt Das waren zu viele Chips. Jetzt ist mir schlecht
Finn sagt Das TV-Programm reißt mich nicht vom Hocker
Mathilda berichtet Ich habe unsere Lehrerin im Taxi getroffen

Mia murmelt: „Wir könnten Füchse oder Rehe skizzieren."

Die wörtliche Rede mit vorangestelltem Begleitsatz sollte mit den Kindern besprochen werden.

Wörtliche Rede

Setze die fehlenden Satzzeichen (: „ ? ! “) ein und schreibe richtig.

Nico nörgelt : „ Müssen wir im Urlaub in der Hitze schwitzen ? "

Die Fußballerin jammert : „ Schon wieder kein Tor ! "

Fenja fragt Bist du sicher, dass der Weg nach rechts führt

Maja mahnt Seid vorsichtig an der gefährlichen Kreuzung

Frieda fragt Wem gehören die sehr trockenen Kekse

Siegfried schluchzt Wer hat meine beste Hose verdreckt

Julia jubelt Ich habe einen Haufen Haselnüsse gewonnen

Nico nörgelt: „Müssen wir im Urlaub in der Hitze schwitzen?"

Die Fußballerin jammert: „Schon wieder kein Tor!"

Wörtliche Rede

Setze die fehlenden Satzzeichen („ “ ,) ein und schreibe richtig.

„In der Vase standen vertrocknete Gewächse“, beschrieb Lea.
Eine Höhle bot uns Schutz vor dem Gewitter schilderte Ole.
Hai, Kaiser und Mai schreibt man mit ai erklärt unsere Lehrerin.
Heute Mittag gingen wir ein bisschen spazieren sagte Jule.
Jeden Morgen wecken mich tausend Wecker erzählt Erna.
Mein Hochbett ist mit Moos bewachsen wundert sich Wim.
Seen und Meere sind sehr häufig verschmutzt weiß Wiebke.

„In der Vase standen vertrocknete Gewächse“, beschrieb Lea.

! Die wörtliche Rede mit nachfolgendem Begleitsatz sollte mit den Kindern besprochen werden. Die Regelung, dass Punkte am Ende der Sprechsätze entfallen (S. 112), Ausrufe- und Fragezeichen dagegen gesetzt werden (S. 113), führt besonders häufig zu Fehlern.

Wörtliche Rede

Setze die fehlenden Satzzeichen („ ? ! " ,) ein und schreibe richtig.

„ Müsst ihr während des Unterrichts schreien ? " , schrie Cindy.

„ Entfernt sofort den Müll vom Strand ! " , schimpfte die Dame.

Ist es im Wald stets kühler als in der Stadt fragt Freddy.

Bohrt bloß keine Löcher in mein Boot brüllt der Kapitän.

Können Flüssigkeiten magnetisch sein will Willi wissen.

Pass auf Pass und Schlüssel auf ermahnte Ina Martina.

Warum soll ich meine fettigen Haare kämmen fragt Erni.

„Müsst ihr während des Unterrichts schreien?", schrie Cindy.

„Entfernt sofort den Müll vom Strand!", schimpfte die Dame.

Wörtliche Rede

Stelle jeweils Begleitsatz und wörtliche Rede um.
Mandy mahnt: „Träume nicht mit offenen Augen auf der Straße!“
Wilfried will wissen: „Warum weinen die Clowns in der Manege?“
Ulf meint: „Mein Schatten ist heute länger als nach der Geburt.“
Der Reporter schildert: „Ein Blitz setzte das Gebäude in Brand.“
Susi seufzt: „In den Ferien schreibe ich Texte immer fehlerfrei.“
Katja fragt die Försterin: „Kann man auf junge Kiefern klettern?“
Die Schauspielerin frohlockt: „Zum Glück erkennt mich jemand!“

„Träume nicht mit offenen Augen auf der Straße!", mahnt Mandy.

„Warum weinen die Clowns in der Manege?", will Wilfried wissen.

„Mein Schatten ist heute länger als nach der Geburt", meint Ulf.

! Das Umstellen von wörtlicher Rede und Begleitsatz sollte mit den Kindern besprochen werden.

Wörtliche Rede

Stelle jeweils Begleitsatz und wörtliche Rede um.

Berta brüllt entsetzt: „Schaut euch den riesigen Müllberg an!“

Wally weiß: „Hungrige Vögel fressen auch noch das letzte Korn.“

Mandy murrt: „Laute Handygespräche in der Bahn ärgern mich.“

Gert gesteht ehrlich: „Im Theater habe ich häufig Streit mit Erni.“

Mia fragt: „Wer informiert Jugendliche über interessante Berufe?“

Kai kreischt: „Nein, niemals überquere ich die schräge Hängebrücke!“

Franka fragt: „Sind gute Zeugnisse wichtiger als gute Freunde?“

Wörtliche Rede

Stelle jeweils Begleitsatz und wörtliche Rede um.

Die Chefin sagt: „Das Geschäft schließt heute bereits um 9.00 Uhr."

Fred fordert streng: „Zieht doch eure dreckigen Schuhe draußen aus!"

Niko erkundigt sich: „Sind Fernseher und Flugzeuge Maschinen?"

Sabeth sagt: „Ich bin noch nicht fertig. Es dauert noch eine Weile."

Marlene fragt sich: „Ob es wohl noch lebendige Dinosaurier gibt?"

Der Dieb vermutet: „Die Tür lässt sich mit einem Stück Draht öffnen."

Die Richterin mahnt: „Sie dürfen keine Gesetze mehr verletzen!"

Silbentrennung

Markiere Trennstellen und schreibe die Wörter getrennt auf.

Ra|dio	Ana|nas	Eselsohr	Oberärztin
Etikett	Energie	Ackerbau	Ahornblatt
Alaska	atemlos	Apotheke	alarmieren
Uranus	Amerika	Operation	ökologisch
ebenso	ekelhaft	Edeltanne	überqueren
Orange	Übelkeit	Amazonas	Übungsheft
Elefant	Ehepaar	Abendbrot	überraschen
Ameise	Ewigkeit	Abenteuer	Ofenheizung

Ra-dio

Ana-nas

! Einzelne Vokale dürfen nicht abgetrennt werden. Diese Regel sollte mit den Kindern besprochen werden.

Anredepronomen in Briefen

Schreibe die Anredepronomen in dem Brief alle groß (Höflichkeitsform).

Sie	Sie	Sie	Ihrer	Ihre	Ihre	Ihre	~~Ihr~~	Ihr

Sehr geehrter Kommissar Knorke,

als Ihr ______ Fan bewundere ich, wie ______ ______

Fälle lösen. Wenn ______ mit ______ Lupe kommen,

sind Fehler chancenlos. Wie gerne hätte ich ______ Spürnase!

Was muss ich tun, um so schnüffeln zu können wie ______?

Ich warte auf ______ Antwort.

Mit freundlichen Grüßen

______ Lehrling Knut

Sehr geehrter Kommissar Knorke,

! Die Schreibweise der Anredepronomen in Briefen bei Verwendung der Höflichkeitsform (groß) sollte mit den Kindern besprochen werden.

Anredepronomen in Briefen

Schreibe die Anredepronomen in dem Brief alle groß oder alle klein.

Du/du	Dir/dir	Dir/dir	Dir/dir	Deinen/deinen	Deine/deine	Deinem/deinem

Hallo Knut,

ich danke ______ für ______ Brief. Gerne verrate

ich ______, wie ______ Nase zur Fehlerspürnase wird.

Lies häufig, schreibe häufig und übe, wenn es notwendig ist. Dann

schnüffelst auch ______ bald in der Königsklasse.

Ich drücke ______ zwei Daumen.

Schreib mir bald mal wieder.

Liebe Schnüffelgrüße von ______ Superkommissar

Hallo Knut,

! Die Schreibweise der Anredepronomen in Briefen ohne Verwendung der Höflichkeitsform (einheitlich groß oder klein) sollte mit den Kindern besprochen werden.

Quiz

Kreuze an.

Zu welchem der Wörter mit Ä/ä gibt es kein verwandtes Wort mit A/a?

- ☐ gefährlich
- ☐ Ärztin
- ☐ Träne
- ☐ quälen

Welches Wort wird nicht mit ie geschrieben, obwohl der i-Laut lang gesprochen wird?

- ☐ Maschine
- ☐ dick
- ☐ bisschen
- ☐ beginnen

Wie wird das Wort Brücke getrennt?

- ☐ vor dem ck
- ☐ zwischen c und k
- ☐ nach dem ck
- ☐ gar nicht

Wie wird das Wort Impfung getrennt?

- ☐ vor dem pf
- ☐ zwischen p und f
- ☐ nach dem pf
- ☐ gar nicht

Wie wird das Wort Fenster getrennt?

- ☐ vor dem st
- ☐ zwischen s und t
- ☐ nach dem st
- ☐ gar nicht

Darf bei der Worttrennung ein einzelner Vokal (Igel, Elefant, Radio ...) abgetrennt werden?

- ☐ ja
- ☐ nein
- ☐ manchmal
- ☐ weiß ich nicht

Nach einem Komma schreibt man

- ☐ klein.
- ☐ groß.
- ☐ in Geheim- oder Spiegelschrift.

Das erste Wort der wörtlichen Rede nach einem Doppelpunkt schreibt man

- ☐ klein.
- ☐ groß.
- ☐ mit einem roten Filzstift.

In Briefen schreibt man bei Verwendung der Höflichkeitsform die Anredepronomen (Sie, Ihnen ...)

- ☐ klein.
- ☐ groß.
- ☐ entweder alle groß oder alle klein.

In Briefen an Freunde/Freundinnen schreibt man die Anredepronomen (Du/du, Dir/dir ...)

- ☐ klein.
- ☐ groß.
- ☐ entweder alle groß oder alle klein.